MICHEL BRICE

BRIGADE MONDAINE

LE VICE DANS LA PUB

VAUVENARGUES

BRIGADE MONDAINE: Je souhaite recevoir:

– le catalogue général

– les volumes cochés ci-dessous au prix de 5,80 € l'unité, soit:

N°...

....livres à 5,80 , =...... ...... €

+ frais de port =..............€

(1 vol.: 1,25 €, 1 à 3 vol.: 3,50 €, 4 vol et plus: 5 €)

TOTAL..................(ajouter à TOTAL abonnements)................ =................€

N°	TITRE
13	LA CROISIÈRE INTERDITE
14	LE HAREM DE MARRAKECH
15	LA MAISON DES MAUDITES
16	LA PERMISSION DE MINUIT
17	LES CAPRICES DE VANESSA
18	LA VIPÈRE DES CARAÏBES
19	LE VOYOU DE MONTPARNASSE
20	LES FILLES DE MONSEIGNEUR
21	LA NUIT ARABE DE MONACO
22	LA FERMIÈRE DU VICOMTE
23	LA PUNITION DE L'AMBASSADEUR
24	LA SECTE DES AMAZONES
25	LES SIRÈNES DE L'AUTOROUTE
26	LE BOUDDHA VIVANT
27	LA PLANCHETTE BULGARE
28	LE PRISONNIER DE BEAUBOURG
29	LES ESCLAVES DE LA NUIT
30	LES POUPÉES CHINOISES
31	LES SACRIFIÉS DU SOLEIL
32	L'EXÉCUTRICE
212	L'ENLÈVEMENT DES SABINES
213	LA NUIT DU TOP MODEL
214	LA MADONE DES CHANTIERS
215	LES SERVANTES D'APHRODITE
217	LA DOUBLE VIE DU PATRON
218	LA FORTERESSE DES VOLUPTÉS
219	L'ALCHIMISTE DU DÉSIR
220	LES TROPHÉES DU GUERRIER
221	LES VEUVES NOIRES DU GOLF
222	LE SWING DE LA COMTESSE NOIRE
223	LA JUSTICIÈRE DE STRASBOURG
224	LES COULISSES DU POUVOIR
225	LA MUSE DU PEINTRE FOU
226	LE FANTASME DU MANNEQUIN
227	LA FÉE DES SANS-LOGIS
228	LA THALASSO DU PLAISIR
229	LE PURGATOIRE DES ANGES DÉCHUS
230	LES GLADIATEURS DE MESSALINE
231	SOURICIÈRE POUR UNE CALL-GIRL
232	L'AUTOROUTE DU CYBERSEXE
233	PIÈGE À FILLES AU MONT VENTOUX

N°	TITRE
234	LE FANTASME DU VIOLONCELLE
235	HÔTESSE SPÉCIALE POUR JET PRIVÉ
236	LE MAUVAIS ANGE DE SYDNEY
237	LA FAUSSE PISTE DE COURCHEVEL
238	LA VIERGE GOTHIQUE
239	LE CLUB DES ÉNARQUES
240	LES PENSIONNAIRES DU PARADIS
241	L'ÉQUIPÉE SAUVAGE
242	FILLES PERDUES EN ALASKA
243	LA PRINCESSE DU NÉANDERTHAL
244	LE JEU DU CÉLIBATAIRE
245	LA SPÉCIALITÉ DU CHEF
246	LES VOYEURS DU WEB
247	LE LABYRINTHE DES KIDNAPPÉES
248	LA REINE DES DOMINATRICES
249	LA CLINIQUE DU PRINCE CHARMANT
250	LA PREMIÈRE DE LA CLASSE
252	LES PILULES D'AMOUR
253	JUMEAUX ET JUMELLES
255	DRESSEES ET REBELLES
256	LE DÉSHONNEUR DU JUGE
257	NUIT CHAUDE À BARCELONE
258	LE FANTASME DU BALLON OVALE
259	LES JEUX DU DIVIN MARQUIS
260	LA STAR DU X
261	PERVERSIONS QUÉBÉCOISES
262	LES FLAMMES DE L'AMOUR
263	LA ROSIÈRE DE BAGATELLE
264	LE LION DE VENISE
265	LA VENGEANCE DE L'INFIRME
266	LA FILLE DU FEU
267	POLONAISE SUR CHARBONS ARDENTS
268	LA GAZELLE AU PIEGE
269	AU BONHEUR DES HOMMES
270	LE CHEMIN DES ECOLIERES
271	LE PREDATEUR DE LA HAUTE BANQUE
272	PRINCESSE VAUDOU
273	VÉNUS BOTTÉE
274	L'AMANT DE GLACE
275	TRAQUENARD POUR FEMMES SEULES

Les dossiers Brigade Mondaine de cette collection sont fondés sur des éléments absolument authentiques. Toutefois, pour les révéler au public, nous avons dû modifier les notions de temps et de lieu ainsi que les noms des personnages ;

Par conséquent, toute ressemblance avec des personnes existantes ou ayant existé serait totalement involontaire et ne relèverait que du hasard...

ISBN : 978-2-7443-1324-0

Chapitre premier

Les doubles rideaux tirés devant les deux fenêtres laissaient filtrer juste assez de jour pour que Léa distingue, étalée sur le couvre-lit, la tenue préparée à son intention. Elle réfréna sa curiosité d'aller voir de plus près ce que Paul avait imaginé cette fois-ci. Avant de connaître les détails, elle voulait s'imprégner du décor. Elle enregistra néanmoins la paire de menottes suspendue au barreau le plus haut de la tête de lit. Les bracelets étaient ouverts, l'acier avait des reflets mats dans la pénombre.

Machinalement, Léa referma sa main gauche sur son poignet droit qu'elle fit tourner entre ses doigts. Comme on le fait *après*, pour soulager l'articulation longtemps entravée. À la pensée qu'elle referait ce geste – mais quand ? et surtout après *quoi* ? –, elle eut la gorge sèche et passa sa langue sur ses lèvres. Elle reporta son attention sur la chambre, tout en déboutonnant la veste de son tailleur.

La suite avait de vastes proportions, sous un haut plafond mouluré. Elle comprenait, outre l'antichambre qu'elle venait de traverser, un coin-salon autour d'un bar et une salle de bains carrelée qu'elle apercevait par la seconde porte, entrebâillée. Ameublement sobre et décoration de bon goût, harmonie de tons des tissus. Elle apprécia. Sur un mur était accrochée une sanguine érotique, une femme nue voluptueusement abandonnée sur une couche au drap froissé. Sur un autre, un miroir incliné en direction du lit. À la tête de celui-ci, un réveil digital était encastré… Elle s'attardait aux détails tout en continuant à se dévêtir.

Il faisait chaud dans la pièce mais elle frissonna en baissant la fermeture Éclair de sa jupe droite d'une sage longueur. Elle la retira en rentrant le ventre et en se contorsionnant un peu. Élancée, la taille fine, Léa s'arrondissait des hanches et des fesses si elle n'y prenait garde. Or, elle avait ces derniers mois négligé la piscine, le club où elle allait chaque semaine faire de l'exercice, pour garder le ventre plat et les cuisses musclées. La faute à Paul, si elle forçait sur le whisky et oubliait la gymnastique. Sa faute aussi, si les robes moulantes qu'elle s'était mise à porter hors du travail accentuaient ses formes, la rondeur de sa croupe sous la cambrure prononcée des reins. Un gros cul, se moquait-il. Elle rougissait, surtout quand il vérifiait d'un geste qu'elle ne portait rien sous sa robe, conformément à ses désirs. « Ses ordres », rectifia-t-elle mentalement.

La jupe rejoignit la veste sur le dossier du fauteuil le plus proche. Elle enleva vite le chemisier gris perle qui complétait sa tenue élégante mais stricte, voire austère. Son uniforme de femme qui commande. Dans le milieu de la publicité, cette façon de s'habiller la faisait passer pour coincée, mais elle n'aurait pas osé imiter les extravagances de certaines. Elle avait réussi à se hisser à la tête de l'agence Bartley en donnant d'elle une image lisse de professionnelle efficace, elle tenait à sa réputation de femme à poigne. Mais à cette heure de l'après-midi, un jeudi, elle aurait dû présider la réunion hebdomadaire des directeurs, dans la salle de conférences jouxtant son bureau. Et comme c'était le premier jeudi du mois, Charles Bartley, le fondateur et grand patron de l'entreprise, serait là en personne. Autant dire qu'à moins d'être en réanimation à l'hôpital, tout le monde avait intérêt à être là, Léa la première, qui durant tout le week-end précédent, avec Caroline, son assistante, avait soigneusement organisé le planning de ce mois d'avril particulièrement chargé. Au lieu de quoi, elle se mettait nue dans la chambre d'un hôtel particulier cossu du quartier de Passy, parce que son amant l'avait voulu. « Le lui avait ordonné », se corrigea-t-elle encore.

Léa retardait l'instant d'avancer dans la pièce, d'exécuter les gestes que Paul attendait d'elle. Elle ôta ses chaussures de ville, roula ses bas le long de ses jambes, se pencha en avant en pliant à peine les genoux pour les enlever, puis se débarrasser de son string. Le léger déplacement d'air quand elle se redressa hérissa le duvet clair au creux de ses reins. Elle respira plus vite, tendant l'oreille. Aucun bruit ne lui parvenait. La Résidence Victoria était-elle vraiment un hôtel ? La plaque de cuivre indiquant ce nom, sur la porte d'entrée de la bâtisse de deux étages qu'un étroit jardin séparait de la rue, ne le précisait pas. Elle n'avait croisé personne dans le hall feutré du rez-de-chaussée, rien vu qui ressemble à une réception ou à une loge de gardien. Elle était montée directement au premier étage, où une porte ornée du numéro 9 faisait face à l'escalier. Elle était entrée là, obéissant sans réfléchir aux instructions. Dans le silence presque irréel, elle agissait comme une somnambule.

Dans la grande salle dont les baies vitrées donnaient sur les tours de la Défense, le fauteuil de Léa Tulin restait vide, devant les dossiers apportés par Caroline. Il était 17 heures passées. Autour de la table ovale, les visages étaient fermés. Charles Bartley, entré comme à l'habitude le dernier, consultait sa montre et s'impatientait. Comme dédoublée, Léa les voyait échanger des regards surpris. Puis Bartley posait des questions qui demeuraient sans réponse. Une surtout : où était passée la chef ?...

Léa, un sourire flottant sur les lèvres, rejeta les épaules en arrière. Ses seins bombèrent, et ne s'affaissèrent pas quand elle dégrafa son soutien-gorge pour les libérer. Ils n'étaient pas très volumineux, mais fermes. Leurs bouts couleur de pain d'épice tranchaient sur la peau blanche. Elle les effleura de la paume et ils raidirent, rebiquant avec insolence. C'était un jeu ancien devenu une sorte de réflexe associé au geste de dénuder sa poitrine : Léa frôlait ses tétons, qui aussitôt dardaient. Un rien les faisait réagir. Qu'on les griffe, les pince, et elle s'embrasait. C'était ce que Paul avait fait, la première fois qu'il l'avait touchée. Son premier geste, à la fois délicat et impérieux. Léa s'était mordu la lèvre pour étouffer une plainte, elle avait senti ses jambes se dérober sous elle, et très vite, les élancements dans ses seins gonflés s'étaient mués en vague de plaisir. Paul savait comme personne martyriser ses tétons hypersensibles…

Elle les agaça d'un frôlement. L'aréole se contracta et fonça, les pointes bistre se mirent à bander, dures et épaisses. Léa se retint de poursuivre. Nue, bras ballants, elle fit les quelques pas qui la séparaient du lit.

Sur le couvre-lit grège étaient disposés des accessoires noirs en cuir. Elle les toucha d'abord, les palpant l'un après l'autre avant de les ajuster sur elle. Aucun d'eux n'était exactement à sa taille. Ils la serraient, sans excès, mais juste assez pour qu'elle se sente à l'étroit.

Elle se contempla dans la glace inclinée qui surplombait le lit. Les escarpins trop petits d'une pointure engonçaient ses pieds, les talons aiguilles démesurés la cambrant outrageusement. Du large collier qui ceignait son cou, une chaîne fine pendait entre ses seins, dont les anneaux agaçaient sa peau à chaque mouvement. La parure de cuir qui ornait son ventre n'avait pas de nom dans son esprit. Si le terme de cache-sexe s'y appliquait, ce ne pouvait être que par antiphrase. D'une seule pièce, elle consistait, sous une ceinture comprimant la taille, en un triangle qui par-devant lui sciait l'entrejambe, sans couvrir entièrement les boucles brunes de sa toison, et par-derrière se réduisait à une lanière frottant entre ses fesses. La découpe étroite qui y était pratiquée laissait sa fente nue, les bords renforcés étranglaient les chairs et les faisaient saillir. Elle le vérifia en faisant quelques pas : cette sorte de string en cuir souple, ajusté comme une seconde peau, en même temps qu'il rendait son sexe accessible, produisait par ses frottements et son resserrement un effet vite affolant. Plantée sous le miroir, les jambes écartées et le ventre en avant, Léa vit son sexe gonflé s'épanouir comme une fleur entre les bourrelets de cuir.

S'ils la voyaient ! Charles Bartley et les autres, assis autour de la table, dans les bureaux de l'agence… À présent, ils devaient avoir la réponse. Léa avait quitté son bureau à 16 heures, sans laisser de consignes. Trois minutes plus tard, le contrôle magnétique des badges, au rez-de-chaussée, avait enregistré son départ de la tour. La sécurité, dans le hall d'accueil, confirmait. Ni message ni explication, et son portable était débranché. Caroline avait du mal à faire front, probablement, tandis que Charles s'emportait, et pour finir s'en prenait à elle :

– Même à vous, elle n'a rien dit ? C'est inimaginable ! Vous servez à quoi, bon Dieu ?

La confusion de la jeune assistante était à son comble quand elle croisait le sourire goguenard de Sorbier, le directeur artistique. Elle baissait la tête, le rouge aux joues. Léa ne lui avait rien dit, non. L'expression de Sorbier était facile à déchiffrer. « C'est bien la peine d'avoir été réquisitionnée tout le week-end chez elle, petite gourde. Tu lui broutes la chatte, mais elle ne te fait pas de confidences, hein ?… » Derrière les verres fumés de ses lunettes, son regard détaillait avec insistance le joli corps mince de la blonde. S'il savait…

Léa voyait le tableau, tout en effleurant de ses doigts le cuir déjà tiède qui la comprimait. Mesmin et ses airs sournois, espérant entendre de la bouche du boss, comme il disait, la condamnation sans appel de l'absente. Sa moue outrée, tandis qu'il songeait avec une jubilation mal contenue : « La connasse s'est mise à la faute, elle va devoir en rabattre ! » Et la mine ostensiblement ravie d'Ariane, la stagiaire aux dents longues et aux minijupes ultracourtes, à la bouche et aux gros seins ravageurs, dont la récente promotion arrachée à Bartley avait décuplé l'audace. La défection inexcusable de Léa devait la faire mouiller. Est-ce qu'elle oserait la première suggérer à Monsieur Charles, comme elle l'appelait, en arrondissant ses grosses lèvres humides :

– Tant pis pour Léa, on peut se passer d'elle, n'est-ce pas ?

Léa sourit à son reflet dans le miroir. Ses yeux brillaient. Deux doigts pressés au bas de son ventre, dans la moiteur des chairs boursouflées, elle pivota, s'admira de dos. Elle était presque prête. Il ne manquait que le masque, pour effacer de sa vue l'image de cette femme qui lui ressemblait si dangereusement…

Le ventre noué, les seins durs bougeant à peine, elle revint à petits pas vers le lit. Les talons vertigineux l'obligeaient à se déhancher, ses fesses bâillaient sous la sangle de cuir qui les séparait. La fièvre qui couvait en elle lui donnait la chair de poule.

Pourtant, quand elle avait reçu le texto de Paul sur son portable, peu après midi, elle avait gardé la tête froide. Qu'est-ce qu'il croyait ? Quinze jours sans donner de nouvelles, et il se figurait qu'elle allait, pour satisfaire son caprice, courir à ce rendez-vous, à l'heure exacte de sa réunion ? Elle avait du travail, des détails à régler, des coups de fil à passer. Même pas le temps d'aller déjeuner. Elle n'irait pas, évidemment... En tout cas, pas aujourd'hui, pas à cette heure-là. Une adresse à Passy... qu'est-ce que ce pouvait être ?

Une heure plus tard, la peur s'était insinuée en elle, elle avait les paumes moites, en refermant son agenda. Ce n'était pas la crainte de déplaire à Paul, de provoquer sa colère, ou pire, son indifférence méprisante. Non, elle avait peur de sa propre faiblesse. Le deuxième message était arrivé à ce moment. Précis et détaillé, sec comme un ordre de mission, et ne laissant aucune place au doute quant à l'obéissance de Léa... Elle avait senti la mauvaise humeur l'envahir, une bouffée de fureur la submerger. Elle n'était pas encore calmée quand son portable avait sonné. « Appel anonyme », avait-elle lu sur l'écran. C'était lui, à coup sûr. Elle avait mis une longue minute à répondre. Pour expliquer d'une voix mal assurée :

– Pas aujourd'hui, Paul, c'est impossible...

Son travail, ses responsabilités, sa carrière... quoi encore ? Les arguments se bousculaient mais elle n'en avait invoqué aucun, se contentant de répéter d'une petite voix, dans le silence qui s'éternisait :

– Je ne peux pas, Paul, comprends-moi...

Elle enrageait contre elle-même de s'entendre supplier, de se mettre à trembler.

Elle n'avait pas eu la force de couper la communication, alors qu'il demeurait muet. Elle attendait le verdict. Elle savait bien ce qu'il allait dire, au fond. Elle avait la gorge serrée, la poitrine oppressée. Paul avait fini par trancher, d'une voix posée et sans réplique :

– Tu ne peux pas, mais tu en as envie. Donc, tu viendras. Ne sois pas en retard et n'oublie rien.

Et il avait raccroché…

Léa était restée longtemps hébétée, comme paralysée. Puis elle s'était remise au travail comme une automate, ordonnant à Caroline qu'on ne la dérange pas. À 15 h 30, elle en avait fini des tâches urgentes, tous les dossiers en cours étaient à jour, et les documents destinés à Bartley imprimés. Un point complet, une analyse de plusieurs segments du marché. Du travail irréprochable. Plus quelques pistes prometteuses pour l'avenir, le genre de prospective qui faisait dire de Léa Tulin qu'en plus d'être une gestionnaire rigoureuse, elle avait du flair, des intuitions de visionnaire. Tout ce qui justifiait aux yeux de Bartley de l'avoir choisie, à trente ans, pour diriger l'agence.

Et Paul s'imaginait qu'elle allait obéir au doigt et à l'œil, se précipiter au coup de sifflet de son maître ? Il était si sûr de lui que c'en était révoltant !

Léa avait résisté près d'une demi-heure. Une heure avant le rendez-vous fixé par Paul, elle avait craqué, commandé en catimini un taxi, fui son bureau comme une voleuse, sans rien dire à personne. Tout en se traitant de folle, de malade, tandis que la voiture l'emmenait à l'adresse de Passy.

17 h 40, constata Léa en fixant l'écran du réveil. Elle

n'avait que trop tardé. Le masque dans une main, les menottes dans l'autre, elle acheva de se disposer. Non pas allongée sur le lit, comme le suggéraient les menottes suspendues à la tête de celui-ci, mais au pied, à genoux sur l'épais tapis qui couvrait le parquet. Adossée aux barreaux de cuivre, bien en face de la porte. Les talons joints sous les fesses, les cuisses écartées. Les bras levés en couronne, les poignets joints au-dessus de la nuque…

Depuis l'instant où elle était entrée dans la chambre, c'est dans cette posture que Léa s'était imaginée que Paul la découvrirait quand il la rejoindrait. Elle agit si précipitamment que le déclic de l'acier sur son poignet gauche lui arracha un petit cri de surprise. Elle n'avait pas encore tiré sur ses yeux le masque enveloppant, ses chevilles lui faisaient mal. La clé posée dans une niche à la tête du lit était hors d'atteinte. Elle s'affola, tout à coup. Le bracelet vide en se balançant à l'autre bout de la chaîne lui égratigna la joue. Elle se vit dans la glace, cambrée, écartelée, haletante. Avec dans le regard une lueur de folie. Elle se sourit et reprit son souffle.

Posément, elle soulagea ses chevilles du poids de son corps. Elle enroula la chaîne des menottes à la plus haute intersection des barreaux. Il y avait peu de jeu, elle devrait garder les bras levés haut, en arceau. Mais elle aurait les seins dressés, le ventre projeté en avant. Le sexe offert… La contrainte qu'elle s'imposait pour surprendre son amant fit courir dans tout son corps des frissons voluptueux. Elle prit une profonde inspiration, adressa à la femme alanguie du tableau une moue de connivence trouble, puis de sa main libre abaissa le masque de cuir souple sur la moitié supérieure de son visage. Il s'ajusta parfaitement, des pommettes à mi-front. Plongée dans l'obscurité, Léa tressaillit d'excitation. Très vite, elle glissa son poignet droit dans l'ouverture du bracelet, le fit tourner. Les doigts de sa main gauche tâtonnèrent sur l'acier, le déclic du ressort retentit et elle expulsa tout l'air contenu dans ses poumons.

Le sort en était jeté, il n'y avait plus de retour en arrière possible. Plus d'échappatoire. Seulement l'attente, torturante et délicieuse. Elle était enchaînée, aveugle, à la merci de l'homme qui allait entrer. Elle y avait consenti. Mieux, ou pire, elle avait choisi la position, l'attitude qui dans son esprit évoquait le plus précisément la soumission, l'obscénité scandaleuse, l'abandon impudique au bon plaisir d'un amant…

Elle tira sur les menottes, presque brutalement, en levant la tête, sans parvenir à atteindre le masque. Elle renonça aussitôt, se détendit autant que le permettait sa posture, s'appliqua à respirer lentement, bouche ouverte.

L'atmosphère de la pièce lui parut tout à coup différente. Elle tendit le visage en direction de la porte, guettant avec une attention exacerbée le moindre bruit. Tandis qu'elle imaginait Paul poussant la porte d'entrée de l'hôtel particulier, grimpant l'escalier vers la chambre numéro 9, son corps entravé ondula, se raidit. Son sexe béant coulait. Une plainte montée du ventre, un soupir d'impatience mêlée de fierté, de provocation, fusa entre ses lèvres. Elle se retint de crier à Paul de venir vite, de ne pas la faire languir. Elle avait trop envie de jouir…

Elle avait cru percevoir un bruit de porte, mais le silence était total. Il devait pourtant être 18 heures, à présent. Qu'est-ce qu'il faisait ?

Elle respirait vite, à nouveau, les narines dilatées, cherchant à localiser dans la chambre l'indice d'une présence. Quelqu'un était là, elle le devinait. Un doute, un soupçon la glaça. Elle sursauta violemment, produisant un cliquetis de chaîne. Mais elle avait bien entendu un bruit, cette fois, si net et si proche qu'elle poussa un petit couinement effrayé. Elle s'entendit bredouiller :

–Paul ?…

Il n'y eut pas de réponse. Et aucun signe décelable d'une présence. Tout en essayant de se convaincre qu'elle était seule dans la pièce, Léa se tortilla, écartant davantage les genoux, s'exhibant avec une impatience furieuse. Ses épaules heurtaient à chaque mouvement l'armature de cuivre du lit.

Elle était tellement désorientée et excitée que le contact, sans autre préambule, d'une main sur sa peau brûlante lui fit l'effet d'un fer rouge. La surprise, mêlée de frayeur, lui fit ouvrir grand la bouche. La main posée sur sa gorge remonta vivement vers son visage et la bâillonna, en même temps qu'un clappement lui intimait de se taire. Elle hocha la tête en signe d'acceptation, pointa la langue pour lécher la paume, les doigts pressés contre ses lèvres. Paul aimait cette caresse de chatte. Mais la main s'esquiva, lui saisit les seins, les palpa. Puis aussitôt, des doigts avides s'emparèrent de son sexe, froissant les chairs, la pénétrant profondément. Bien qu'elle fût dilatée et ruisselante, ils lui firent mal. Elle gémit et reçut une gifle, si sèche qu'elle se cabra en geignant. Le même clappement énervé la menaça. Elle retint son souffle. Les doigts labouraient son ventre, maltraitaient ses seins. Elle creusa le ventre, s'offrit mieux, en espérant savourer la caresse. Des vêtements la frôlèrent, un souffle courut sur son cou, juste avant qu'une bouche aspire son mamelon. L'excitation de Léa était toujours aussi intense, mais le plaisir à peine entrevu reflua. Ses sensations se figèrent. La morsure infligée à son téton lui arracha un cri, le doigt rageur qui forçait son anus changea sa plainte en révolte. Elle se débattit, se meurtrissant les poignets.

L'homme la gifla à nouveau, plus durement, et lui enfonça dans la bouche un bâillon de tissu. Un mouchoir, ou une pochette, songea-t-elle, et son cerveau se bloqua, dissocié de ses sens, alors que les mots s'étranglaient dans sa gorge.

Paul savait la faire jouir. Il aimait qu'elle parle dans l'amour, qu'elle ose dire crûment les mots que le plaisir lui soufflait. Paul ne l'avait jamais giflée ainsi, ni traitée si brutalement. Paul ne fumait pas. Elle n'avait jamais perçu dans son haleine ou sur ses doigts cette odeur de nicotine. Ni humé sur son corps l'écœurant parfum d'eau de toilette mentholée qui agressait à présent ses narines.

L'homme qui fouillait sans ménagement son sexe et bavait sur ses seins n'était pas son amant. Dans un éclair de lucidité, Léa comprit que Paul l'avait offerte à un autre. Un inconnu… Les idées s'entrechoquaient dans sa tête, les menottes cognaient les barreaux tandis qu'il s'escrimait maladroitement sur elle. Elle rua pour se dérober à la verge qui tentait de la pénétrer, et qui n'avait ni la douceur ni les proportions de celle de son amant. Comment Paul avait-il pu la livrer à un tel goujat ? Alors qu'elle était si prête à satisfaire ses désirs… Prête à jouir des mains et du membre d'un autre, si telle était sa fantaisie, mais d'un homme qui aurait su la combler, au lieu de tenter si maladroitement de la violer !

Elle se rejeta sur le côté et reçut sur le ventre et les cuisses des jets gluants qui la révulsèrent. Des insultes sifflèrent à ses oreilles, entre deux grognements déçus. Elle pressentit qu'on allait la frapper. Elle se recroquevilla.

À cet instant, un bruit incongru, un claquement métallique lui parvint, et il lui sembla qu'en une fraction de seconde, la scène qu'elle ne voyait pas s'était figée. La perception d'un danger fut si aiguë que Léa cessa de bouger. Tout son être se rétracta. L'homme qui venait prématurément de jouir eut un sursaut contre elle. Il y eut un plouf assourdi, suivi par un bruit de gorge. Un hoquet répugnant. Saisie par une soudaine terreur, Léa reçut sur elle une masse qui l'écrasa. Une main se crispa sur ses seins, une autre se cramponna à sa taille. Une tête heurta son épaule. Le corps qui la recouvrait se raidit, comme en un vain et terrible effort pour la pénétrer, avant de s'affaisser de tout son poids. Un poids mort…

Quand un filet de liquide épais et chaud dévala de son cou le long de son flanc, Léa réussit, malgré son bâillon, à pousser un cri d'effroi. Puis elle perdit connaissance.

*
* *

La grosse Citroën C6 bleu marine flambant neuve était garée sur un passage pour piétons à une vingtaine de mètres de la Résidence Victoria, du côté opposé de la chaussée, au premier coin de rue.

Assis au volant, l'ex-inspecteur Jo Maignard feuilletait distraitement un magazine sportif. Il était 18 h 20 à l'horloge du tableau de bord, une brise douce montant de la Seine faisait frémir le feuillage des arbres d'un square proche. Une soirée printanière s'annonçait, propice à des rêveries qui avaient peu à voir avec le football. À l'abri de son magazine ouvert, Jo Maignard tâtait par intermittence, mais d'une main de moins en moins négligente, la bosse qui déformait la braguette de son pantalon.

C'est que depuis qu'il avait déposé son patron devant l'hôtel particulier baptisé Résidence Victoria, un quart d'heure auparavant, l'imagination de l'ancien inspecteur battait la campagne. Laurent Versois, en lui ordonnant de le conduire à cette adresse, ne lui avait évidemment pas confié le but de sa visite, mais rien qu'à son expression, Jo Maignard avait deviné qu'il ne s'agissait pas d'un rendez-vous d'affaires. Le visage étroit du conseiller était plus pâle qu'à l'ordinaire, le regard de ses petits yeux froids plus fixe. Il se frottait les paumes avec nervosité, et en descendant de voiture, il avait oublié sur la banquette arrière la pochette en cuir Hermès dont il ne se séparait jamais. Jo avait couru derrière lui pour la lui tendre. Versois l'avait saisie avec empressement en le remerciant à peine. De la sueur luisait à ses tempes. Il s'était précipité vers la grille et Jo était allé se garer un peu plus loin dans la rue.

Il avait d'abord pensé que décidément, il détestait Versois. C'était physique, mais pas seulement. Ce type imbu de lui-même qui se faisait appeler «Monsieur le Conseiller» se prenait pour un ministre alors qu'il était simplement conseiller en communication. Certes, il travaillait pour des ministres, et même pour celui d'entre eux qui avait des chances de devenir, dans un mois, le prochain président de la République. Ce n'était pas rien et bien d'autres à sa place auraient pris la grosse tête. Mais selon Jo, cela ne justifiait pas de traiter tout le monde avec tant de condescendance méprisante.

Sa femme, par exemple… Fabienne Versois. Depuis six mois qu'il était le chauffeur de « Monsieur le Conseiller », Jo avait eu plusieurs fois l'occasion de la faire profiter de ses services. Elle avait le genre qui lui plaisait. Plus jeune que son époux, petite mais bien roulée, avec de longs cheveux blond doré et une bouche pulpeuse au pli triste. Ses grands yeux liquides semblaient toujours près de verser des larmes, mais une petite lueur laissait parfois deviner qu'en s'y prenant bien, on ne rencontrerait pas une résistance trop farouche… Il la trouvait très bandante.

Jo s'était mis à penser à elle plutôt qu'à son mari, et n'avait pas tardé à sentir son sexe gonfler. Laurent Versois avait rendez-vous à Passy avec une femme, probablement une pute de luxe, pendant que Fabienne, délaissée et malheureuse, s'ennuyait dans leur luxueux duplex du parc Monceau.

Jo laissa ses pensées dériver et recomposa un scénario plus conforme à ses fantasmes : pendant que le conseiller gratifiait l'état-major de campagne de son candidat d'assommantes analyses sur l'état de l'opinion à trois semaines de l'élection, Jo avait quartier libre. Il en profitait pour rejoindre en douce la très appétissante Fabienne, qui n'osait pas prendre d'amant, la pauvre. Chauffeur et garde du corps, Jo se révélait capable d'être au four et au moulin. Après avoir conduit Monsieur, il fonçait consoler Madame… Est-ce qu'elle avait mis pour la circonstance des dessous affriolants ? Un après-midi d'hiver, il l'avait déposée dans un quartier très éloigné du parc Monceau, en face d'un salon de thé. Coincé dans les embouteillages, il l'avait aperçue qui trottait vers une destination moins banale : une discrète et luxueuse boutique de lingerie… C'est sûr, Fabienne avait un faible pour la soie sauvage, les dentelles froufroutantes et ajourées, les porte-jarretelles dont l'attache claque sur la peau satinée des cuisses…

Le claquement qui fit relever la tête à Jo n'était pas celui d'une jarretelle, plutôt celui, nettement moins glamour, d'un portail rabattu à la volée. L'ex-inspecteur balaya la rue d'un regard encore un peu troublé, ne vit sur les trottoirs déserts qu'une femme âgée qui promenait son chien. Puis il fixa la grille de la Résidence Victoria. Elle était entrouverte.

Les images de Fabienne Versois en dessous sexy se frottant contre lui comme une femelle en chaleur se dissipèrent en un clin d'œil. Jo fronça les sourcils, scruta les alentours d'un regard exercé de flic. Et il repéra la moto. Une 125 garée entre deux voitures, perpendiculairement au trottoir, l'avant vers la chaussée, à quelques pas de la grille mal refermée. Il ne l'avait pas entendue remonter la rue, et il était sûr qu'elle n'était pas là lorsqu'il avait déposé Laurent Versois.

Le temps d'enregistrer ces différents éléments, Jo avait quitté la C6 et traversé la rue. Sur sa silhouette courtaude mais encore agile, malgré l'âge et les séquelles d'une blessure par balle qui le faisaient légèrement boiter, le seul renflement décelable n'était plus sous la ceinture, mais sous l'aisselle. Là où un holster contenait un 357 Magnum pour lequel il détenait un permis en bonne et due forme. Il avait même dans sa poche intérieure une carte tricolore quelque peu périmée, mais qui pouvait encore servir.

Il franchit la grille tout en examinant la façade de l'hôtel particulier. Ne vit rien de suspect, n'entendit rien d'alarmant. Il n'hésita pas longtemps à traverser le jardinet pour grimper les marches du perron et appuya sur une sonnette. Le résultat fut un léger déclic, et la porte s'entrouvrit. On entrait là-dedans comme dans un moulin.

Jo Maignard avança la tête à l'intérieur et fut saisi par le silence. Les murs tendus de tissu et le sol recouvert d'une moquette épaisse étouffaient tous les bruits. Éclairé par des appliques, le hall tout en longueur respirait le luxe, la discrétion. Il était désert. Jo en fut rassuré et entra sans précaution.

Repoussée vers lui avec violence, la lourde porte lui heurta l'épaule et le déséquilibra. Il voulut à la fois faire face à son agresseur, porter la main droite à son arme et se rattraper au battant. Son bras droit engourdi ne fut pas assez vif, il eut juste le temps de distinguer une forme noire, coiffée d'un casque, et reçut à la tempe un choc qui l'étourdit. Sa jambe gauche blessée le trahit, il chancela et s'affala en travers du seuil. Un coup de botte dans le bas-ventre le fit se tordre de douleur et il se replia sur lui-même, les mains crispées sur sa braguette. L'objet avec lequel on l'avait frappé tomba sur son crâne. Déjà, la silhouette l'enjambait et se glissait dans l'entrebâillement de la porte. Sonné, Jo esquissa en pure perte un geste pour s'accrocher à la cheville du fuyard.

Un instant après, tandis qu'il peinait à se remettre debout, il entendit rugir un moteur. Se soutenant au chambranle, il aperçut à travers la grille du petit jardin la moto qui démarrait, en direction de la Seine. La silhouette courbée sur l'engin, en combinaison de cuir et casque intégral, lui parut mince et presque frêle, de quoi ajouter à ses douleurs une cuisante blessure d'amour-propre. Il s'était fait surprendre comme un blanc-bec, et pas par Terminator…

La moto avait disparu. Jo Maignard se retourna en grimaçant vers l'intérieur de la maison. Son pied buta contre quelque chose et il devina que le pire était à venir quand il reconnut la pochette Hermès en cuir fauve de Laurent Versois.

*

* *

L'orifice d'entrée de la balle était net. Un trou derrière la tête, à la base du crâne. Laurent Versois n'avait même pas dû voir venir le coup. Jo fut tenté de retourner son corps à moitié déshabillé, pour vérifier si le projectile en ressortant avait frappé la fille enchaînée, ou si elle avait encaissé une deuxième balle. Il se ravisa. À présent qu'il avait découvert les deux cadavres, dans la chambre n° 9 à la porte restée entrouverte, son intuition lui disait d'en faire le moins possible. Il sortit son portable en jurant entre ses dents. Quelle tuile, bon Dieu !

Le masque qui aveuglait la fille était maculé de sang, comme son cou et ses seins. Suspendue aux menottes par les poignets, elle était tordue sur le côté, le visage contre le cadre de lit. Monsieur le Conseiller, affalé sur elle, encore en costard mais la queue à l'air, toute rabougrie, donnait l'impression d'avoir baisé dans le vide. Sous sa main, la chatte brune de la nana émergeait d'une sorte de culotte de cuir découpée au bon endroit… Bon sang, quel tableau ! Un beau gâchis…

Sous le coup de l'émotion, l'ex-inspecteur égrena une série de jurons bien sentis. Il inspecta la chambre d'un coup d'œil panoramique, tout en pianotant sur son portable. L'écran indiquait 18 h 33. Un numéro de portable s'afficha. Jo enfonça la touche en priant pour que PJR soit là. Il ne voyait personne d'autre à avertir plus prioritairement. Et certainement pas Fabienne Versois, songea-t-il en passant le revers de son poignet sur son front en sueur.

Instinctivement, il s'était détourné du couple abattu. Fauché en pleine bourre ! se dit-il en ricanant. Face aux noires réalités de l'existence, son romantisme naturel cédait volontiers le pas au cynisme. La rançon d'une carrière de plus de vingt ans dans la police...

Une voix sèche répondit enfin.

– Oui ?

– Monsieur Robert ? C'est Jo... Jo Maignard... Il est arrivé quelque chose, monsieur... Un gros pépin...

En même temps qu'il résumait en deux mots la situation et donnait l'adresse de Passy, il se tâtait l'entrejambe avec circonspection, fléchissant les genoux. Des élancements lui donnaient la nausée. À moins que ce ne soit l'odeur du sang, la proximité de la mort. Il vieillissait.

Il raffermit sa voix pour répondre à une question brève :

– Personne, Monsieur, absolument personne...

Il y eut un silence, puis :

– J'arrive, Jo. Ne touchez à rien.

Avec un soupir, Jo rempocha son portable. Robert avait du sang-froid, il en avait vu d'autres. Il saurait quoi faire. C'était son job, non ? Du coup, la douleur s'estompa.

Un cliquetis métallique ponctué d'une plainte le fit sursauter l'instant d'après. Il se retourna d'un bloc vers le lit, écarquillant les yeux sans comprendre. Puis il vit, et lâcha une autre bordée de jurons.

Les mains menottées tiraient sur la chaîne, et la fille brune s'agitait en gémissant sous le cadavre qui l'écrasait. Jo se précipita, se traitant d'imbécile tout en éprouvant un vrai soulagement. La pute n'était pas morte, seulement dans les vapes. Pour une nana apparemment de premier choix, c'était tout de même réconfortant. Et puis, pensa-t-il en allant prendre la clé des menottes repérée à la tête du lit, elle aurait bien quelque chose à raconter.

*

* *

Installé à l'arrière de la 607 arrêtée à un feu rouge du boulevard Malesherbes, en direction de la porte d'Asnières, Pierre-Jean Robert, que ses familiers appelaient PJR, pencha son grand corps maigre vers son chauffeur.

– On va à Passy, Georges. Le plus vite possible. Rue Charles-Dickens.

– Entendu, monsieur le préfet, se contenta de répondre Georges, qui connaissait aussi bien la capitale qu'un chauffeur de taxi.

Il déboîta, enclencha la sirène et effectua un demi-tour audacieux au milieu de la circulation.

PJR se laissa aller contre le dossier de cuir crème, apparemment détendu. En réalité, le regard plissé, ses sourcils gris se rejoignant presque, il réfléchissait à toute vitesse. Ce que Maignard venait de lui apprendre ressemblait à une sale affaire de mœurs, un genre de fait divers, passionnel ou crapuleux, qui n'était pas de nature à bouleverser la marche du monde, sauf qu'il tombait à un très mauvais moment. Au reste, s'il connaissait un peu Laurent Versois, c'était uniquement sur un plan professionnel, et le bonhomme ne lui avait pas paru particulièrement sympathique. Un carriériste, sans doute encombré d'aucun scrupule.

Le préfet hors cadre Pierre-Jean Robert ouvrit sur ses genoux son ordinateur portable et en quelques clics fit apparaître sur l'écran la fiche personnelle de Versois, qui avait rejoint depuis six mois la cellule de communication du ministre candidat. PJR fit la grimace : rien que du banal, du convenu.

Mais les circonstances n'étaient pas ordinaires, en cette période électorale, et il n'était pas question de traiter à la légère un meurtre qui touchait quelqu'un de leur équipe. Un double meurtre, même, puisque selon Maignard, il y avait deux cadavres dans cette maison de rendez-vous de Passy, l'autre victime étant sans aucun doute une call-girl, payée à prix d'or pour un 5 à 7 sulfureux. PJR retint un soupir agacé. Payer une pute quand tant de femmes ne demandaient qu'à…

Ses réflexions s'interrompirent. Les termes « maison de rendez-vous » et « call-girl » venaient en un clin d'œil de lui fournir sinon la solution, du moins la marche à suivre. Alors qu'à toute allure, la 607 longeait les jardins du Trocadéro, il sollicita la mémoire de son téléphone portable, trouva la personne qu'il cherchait et appuya sur la touche d'appel. Il avait pris sa résolution : faire confiance à la police tout en évitant que l'affaire s'ébruite. Et en conséquence, verrouiller lui-même ses éventuels développements néfastes. Il était inutile que cette affaire probablement lamentable vienne perturber la bonne marche d'une campagne qui entrait dans sa dernière ligne droite.

– Allô, Charlie ? lança-t-il quand on décrocha. C'est Robert… PJR…

Il avait spontanément retrouvé les traces d'accent corse de son enfance. Bien que son patronyme ne le laisse guère deviner, PJR était à moitié corse, par sa mère. Durant les années 1990, il avait d'ailleurs été préfet délégué à la sécurité en Corse. Au bout de la ligne, le commissaire divisionnaire Charlie Badolini, Corse pur jus, et patron de la BRP[1], autrement dit la prestigieuse Brigade mondaine, ne mit qu'une fraction seconde à le reconnaître. Leurs chemins s'étaient croisés à de multiples reprises.

– Pierre-Jean ?… Comment vas-tu ? Ça fait longtemps…

Georges avait, sur un signe de son patron, coupé la sirène et mettait son clignotant pour s'engager dans la rue Charles-Dickens.

PJR n'était pas du genre à tergiverser.

– Ça va, Charlie, un peu sur les dents, tu imagines… Il vient de me tomber dessus une merde tout à fait dans tes cordes…

1. Brigade de répression du proxénétisme

CHAPITRE II

La Laguna noire du service était garée au pied d'une tour du Front de Seine, dans le XVe arrondissement, depuis près d'une demi-heure. Assis au volant, le commandant Boris Corentin patientait en écoutant distraitement, sur l'autoradio qui crachotait, l'analyse du six millième sondage sur les intentions de vote des Français, à moins de trois semaines du scrutin présidentiel. Son coéquipier et ami le capitaine Aimé Brichot s'était porté volontaire pour aller vérifier une information recueillie l'après-midi même à propos d'une très jolie femme que les enquêteurs de la Brigade mondaine ne connaissaient hélas qu'en photo, en dépit des efforts qu'ils faisaient depuis une dizaine de jours pour la rencontrer, et lui poser quelques questions.

Il est vrai que son identité, sa nationalité, son âge et même son sexe n'étaient pas établis avec certitude, ce qui compliquait les choses. Le plus sûr à son sujet, c'est qu'elle servait de rabatteuse dans un trafic de jeunes filles originaires de pays d'Afrique occidentale. Les victimes n'étaient pas celles qu'on retrouvait en grand nombre sur les trottoirs des grandes villes d'Europe de l'Ouest. C'était une filière de prostitution « haut de gamme », élitiste et très cloisonnée, qui fournissait à de riches clients des proies triées sur le volet : belles, éduquées, et très chères. Un réseau pas moins violent et cruel, cependant, que les autres qui prospéraient sur la misère. Acha Ampong, à moins qu'elle ne s'appelle Yola Soko, ou même, ainsi que le mentionnait son passeport britannique, Toni Noam, en était un des rouages.

Mais pour le tandem phare de la section des Affaires recommandées de la Brigade mondaine, elle était surtout le chaînon manquant. Faute de lui mettre la main dessus et de l'amener à témoigner, l'organisation qui opérait à partir de Lagos, au Nigeria, en direction de Londres et Paris, passerait encore un printemps tranquille, et lucratif…

Boris éteignit l'autoradio en entendant l'indicatif du flash de 18 h 45, avant que ne déferlent les chiffres du six mille deux centième sondage. Au moment où la silhouette d'Aimé Brichot, cravate club au vent mais moustache plutôt en berne, faisait sa réapparition sur l'esplanade.

– Tuyau crevé…, commenta sombrement Boris quand son équipier fut monté à côté de lui. Je m'en doutais.

– Moi aussi, soupira Brichot.

– Allons, Mémé, tu es parti tout guilleret à l'idée qu'on tenait une piste !

– C'est vrai, j'admets, mais le temps de trouver le gardien, je n'y croyais plus.

– Vraiment, et pourquoi donc ? Un pressentiment soudain ?

– L'intuition que si tu ne voulais pas m'accompagner, c'est que ça n'en valait pas la peine. Et de fait… Tu avais raison de ne pas y croire…

– Ça devient aussi compliqué que dans un vieux couple !

Ils échangèrent un regard et se mirent à rire. Brichot sortit un jeu de photos de la poche de son veston. Acha Ampong, Yola Soko, Toni Noam… Le même visage magnifique, fin et racé, cultivant une troublante ambiguïté. Acha l'androgyne, Yola la sensuelle, Toni l'éphèbe. Trois versions d'une énigme.

– D'après le gardien, elle habitait peut-être bien ici, reprit Brichot. Plutôt sous cette apparence-là, ajouta-t-il en montrant Yola.

– C'est celle que je préfère, mais c'est toujours « peut-être, plutôt »… on est bien avancés ! Ils sont tous normands, ma parole !

Celui-là cst un Lisboète, en l'occurrence.

– Pardon ?

– Un Lusitanien de Lisbonne, expliqua Brichot en lissant avec satisfaction sa moustache. S'il s'agit de notre homme, ou de notre femme, il ou elle a déménagé le mois dernier, début mars.

C'est-à-dire au moment où on avait repêché dans la Seine, à la pointe de l'île Saint-Germain, entre Boulogne et Issy-les-Moulineaux, le cadavre d'une Noire d'une vingtaine d'années, tuée de deux balles dans la nuque. Une protégée de Toni Noam, officiellement attachée commerciale dans une société qui importait des bijoux africains et s'était révélée bidon… Ils arrivaient trop tard, mais le tuyau n'était peut-être pas si crevé que ça, songea Boris.

– L'appartement est à louer, poursuivit son équipier. Je l'ai visité, du coup. Rien à glaner à l'intérieur.

– Tu te vois vivre là-dedans, Mémé ? demanda Boris en se penchant pour observer les tours.

– À deux mille euros par mois ? Difficilement. Il y a une terrasse, remarque, Jeannette aimerait la vue. Mais avec les trois enfants dans soixante mètres carrés… Ils auraient aimé la salle de bains, eux…

Le fonctionnaire père de famille et locataire en HLM au Kremlin-Bicêtre en restait rêveur. Il haussa les épaules et tira un papier d'une autre poche.

– La fille louait depuis septembre dernier, sous ce nom, reprit-il en lisant : Swan Eliott. Mannequin, d'après le gardien. Elle a laissé des piles de magazines et de revues qu'il a dû débarrasser. Il l'a toujours vue seule… Montant dans un taxi ou en descendant… J'ai aussi les coordonnées de la boîte qui gère les locations.

– On vérifiera, mais elle doit être loin, à l'heure qu'il est.

Boris regarda les photos. Swan Eliott, top model. Pourquoi pas ? Cela ne faisait qu'une identité supplémentaire. Il démarra et proposa :

– On va boire un verre avant de rentrer ? Ça nous changera les idées.

Son portable sonna avant que Brichot ne réponde. Il fronça les sourcils en voyant s'afficher un numéro inconnu, songea à une conquête qui se proposerait de lui remonter le moral. Il eut une pensée fugace pour leur jeune collègue Géraldine Hébert, qui leur avait envoyé une carte postale enjouée de ses congés pascals en Andalousie, sans préciser avec qui elle les passait, mais sans se priver de mentionner que son « grand chef », s'il le savait, en serait malade de jalousie. La rime était facile, l'allusion plaisante, Boris en avait souri, mais il ne pouvait s'empêcher de trouver plutôt perfide, au fond, l'entêtement de cette jolie fille qui aimait les femmes à le concurrencer sur son terrain de prédilection…

La voix rauque de fumeur non repenti de Charlie Badolini balaya ces mirages.

– Corentin ? Où étiez-vous passé, sapristi ? Il n'y a personne au bureau…

Baba, comme l'appelaient familièrement ses hommes, n'y était pas non plus, à en juger par le fond sonore de musique classique qu'entendait Boris. Celui-ci se contenta d'expliquer :

– On vérifiait un renseignement sur Toni Noam, patron…

– Cette enquête pourrie ? Laissez tomber, Corentin, la Criminelle n'a qu'à s'en débrouiller. Il y a une urgence pour vous, à Passy.

Il débita l'adresse sans s'inquiéter que Boris la note et enchaîna :

– Sale affaire de meurtre, deux cadavres, j'ai promis…

– La Criminelle devrait pouvoir s'en occuper, glissa

ironiquement Boris, mais Baba ne releva pas.

– J'ai promis que vous arriviez sans délai.

– On n'est pas très loin, c'est une chance…

– Brichot et vous, hein ? O.K., mais discrétion absolue… Filez là-bas et remettez-vous-en à PJ Robert…

– PJ comme police judiciaire ? demanda Boris dont les rouages de la mémoire se mirent aussitôt à carburer.

– Pas de blague, Corentin ! C'est un ordre ! lança sèchement Baba, avant de couper la communication.

Il était rare que le divisionnaire s'embarrasse si peu de circonlocutions pour dispenser ses recommandations. Qu'est-ce qui pouvait bien l'amener à se départir de sa légendaire prudence ? Une affaire hautement sensible, conclut aussitôt Boris, en mettant Brichot au courant du changement de programme. Ce dernier ne fit pas de commentaire, mais au pétillement de son œil, il était clair qu'il pensait la même chose que lui.

Boris se fondit dans la circulation du quai de Grenelle.

– PJ Robert, ça me dit quelque chose, marmonna-t-il. Et à toi, Mémé ?

Brichot haussa les épaules en signe d'ignorance.

Machinalement, il avait rallumé la radio. Alors qu'ils franchissaient la Seine, ils eurent un élément de réponse aux questions qu'ils se posaient.

« Pour le préfet Pierre-Jean Robert, membre de l'état-major de campagne du candidat, cette démission du gouvernement intervient au moment opportun et ne saurait donner lieu à polémique… » disait le présentateur des infos de 19 heures, avant de se pencher sur les résultats des ultimes sondages. Boris et Brichot échangèrent un regard entendu et le premier ajouta :

– Il a été préfet pour la sécurité en Corse. Il est un peu corse lui-même, si je me souviens bien…

– On ne sait pas dans quoi on met les pieds, mais nous voilà prévenus, conclut le second.

Il arrivait que les Affaires recommandées dont ils étaient le fleuron méritent bien leur nom.

*
* *

La rue Charles-Dickens semblait parfaitement paisible. Nul doute que la femme âgée qui rentrait de promener son chien n'y aurait rien décelé qui suscitât sa curiosité. Mais en se dirigeant à pied vers l'adresse indiquée par Baba, après que Boris eut trouvé dans une rue transversale une place pour se garer, les deux hommes repérèrent successivement une Citroën C6 stationnée vitres ouvertes sur un passage pour piétons, une 607 noire dont les glaces fumées n'empêchaient pas tout à fait de distinguer, derrière le volant, la silhouette corpulente d'un chauffeur. Et enfin, garée à cheval sur le trottoir juste devant la grille d'un élégant hôtel particulier, un fourgon bleu marine sans inscription, mais que les initiés savaient identifier comme appartenant à l'I.J., l'Identité judiciaire. Il ne manquait que la guimbarde du docteur Flutiaux, l'inamovible médecin légiste, pour que le tableau soit complet.

– Les choses se font discrètement, mais apparemment

dans la norme, commenta Boris avec soulagement en poussant la grille.

–Tu comptais qu'on nous demande d'escamoter un cadavre ?

–Ça ne m'aurait pas surpris plus que ça, répondit Boris en grimpant la volée de marches du perron.

La porte s'ouvrit sans qu'il ait eu à sonner. Sur un homme trapu aux cheveux gris, en bras de chemise, qui fit mine lorsque Boris se présenta, ainsi que Brichot, de leur tendre la main mais se ravisa en touchant son bras droit avec une grimace de douleur.

–Joseph Maignard, inspecteur retraité, se présenta-t-il à son tour. Vous avez fait vite..., ajouta-t-il en se forçant à sourire.

Il avait le visage carré, une bosse violacée à la tempe et une curieuse façon de se dandiner d'un pied sur l'autre en les précédant dans le hall. Le moins étrange était finalement le revolver qu'il portait dans un étui d'épaule.

–Ça s'est passé quand ? demanda Boris.

–Six heures et demie, répondit laconiquement Maignard.

Il montra l'escalier.

–Là-haut, chambre 9. M. Robert vous attend. Ils n'ont pas encore embarqué le corps...

–Le corps ? On nous a dit qu'il y avait deux cadavres...

Un nouveau rictus crispa les traits du bonhomme. Mi-grimace mi-sourire, le tout se muant en gêne quand il expliqua en baissant les yeux :

–La fille n'était pas morte, seulement évanouie. Sur

le coup, j'ai cru que… j'étais sonné, vous comprenez…

– Vous avez croisé le tueur, c'est ça ? questionna Brichot.

Maignard acquiesça en portant sa main gauche à son entrejambe.

– Il m'a eu par surprise, il a filé en moto…

– Vous allez raconter ça en détail à mon collègue, décida Boris, qui ajouta en apercevant une silhouette au fond du hall : Qui est-ce ?

– Le gardien de la résidence, répondit Maignard. Il n'a rien vu, il vient de rentrer. On lui a demandé de s'absenter entre cinq et sept…

L'homme en question donnait l'impression de vouloir se fondre dans le mur pour s'absenter quelques heures de plus. Il ne parvint qu'à battre en retraite dans une pièce dont la double porte était entrouverte.

– C'est la « loge », là-bas ? s'enquit Brichot en faisant entendre les guillemets.

Il avait vite pris la mesure des lieux. Un luxe feutré où il semblait naturel de baisser la voix.

– Ça y ressemble, répondit Maignard.

– On va s'y installer pour bavarder au calme, dit Brichot après avoir échangé avec sa flèche[1] un signe de tête.

Boris quant à lui monta l'escalier. Le silence qui régnait dans la maison aurait pu faire croire qu'elle était absolument déserte.

Pourtant, quand il poussa la porte de la chambre n° 9, et se retrouva dans une antichambre, il aperçut dans la pièce attenante plusieurs silhouettes qui s'affairaient.

1. Le premier des deux dans un tandem d'enquêteurs.

Un homme se tenant sur le seuil se retourna et marcha vers lui. Très grand et maigre, la soixantaine élégante, le crâne dégarni, il avait sous des sourcils gris fournis des yeux étonnamment clairs. Lentilles de contact, pensa Boris. L'homme le devança :

– Commandant Corentin ?... Robert, dit-il d'une voix au ton autoritaire, et sans se forcer au moindre sourire. Mon ami Charlie Badolini m'a dit grand bien de vous. On peut vous faire toute confiance, m'a-t-il assuré.

Il avait en quelques mots fixé le cadre, tout en reculant dans l'antichambre, hors de portée des oreilles des hommes de l'I.J. Ces derniers étaient penchés en silence autour d'une forme que Boris entrevit au pied d'un lit à barreaux. Un cadavre... Le préfet Robert lui tendit une main sèche et ferme. Croisant son regard en la serrant, Boris comprit que son interlocuteur scellait une sorte de pacte tacite.

– Vous êtes seul, commandant ?

– Le capitaine Brichot est en bas, il recueille le témoignage de M. Maignard et du gardien...

– Ah... parfait, vous ne perdez pas de temps.

– La victime est un de vos amis ?

Robert eut un mouvement de menton en répondant. Il n'avait pas l'habitude qu'on lui pose des questions.

– Laurent Versois est conseiller en communication et ne compte pas parmi mes proches. Une relation, tout au plus. Mais il travaillait dans notre équipe, depuis quelque temps.

– Cellule de communication, c'est comme ça qu'on dit, n'est-ce pas ?

Le regard perçant du préfet ne se troubla pas. Cet homme-là avait les nerfs solides.

– J'entends vous laisser faire votre métier, commandant…

– C'est très aimable à vous, monsieur, répliqua sèchement Boris. Je l'entendais exactement ainsi.

Pierre-Jean Robert pinça les lèvres mais s'en tint là.

– Où se trouve la femme ? demanda Boris.

– Dans la salle de bains.

– Elle a été blessée ?

– Non… elle n'a rien, mais elle est encore sous le choc.

– Qui est-ce ?

Robert eut une moue dédaigneuse qui signifiait qu'il s'en fichait.

– Une call-girl, probablement. Elle a eu de la chance de s'en tirer.

– Vous l'avez interrogée ?

– Elle a seulement affirmé qu'elle ne connaissait absolument pas Versois… Vous saurez mieux que moi lui faire dire ce qu'elle sait… si elle sait quelque chose. C'est votre métier, commandant.

Avant de pénétrer dans la chambre, Boris demanda encore :

– Vous avez la moindre idée des raisons de ce qui s'est passé ici ?

– Pas le moindre début d'idée, commandant, répondit nettement le préfet. Mais, pour me faire bien comprendre…

– Cela vous importe peu, compléta Boris. Pourvu

qu'il n'y ait pas de vagues, n'est-ce pas ?

Robert se contrôla, mais son regard trop clair était éloquent. Il devait s'exercer à briser les vases à distance, rien qu'en les fixant. Il se contenta de répliquer d'une voix glaciale :

– Vous êtes un homme avisé, commandant, digne de la confiance de votre supérieur. J'en suis ravi…

Boris se détourna et entra dans la chambre. Un peu tendu malgré tout. Le préfet Pierre-Jean Robert n'était pas commode, et mieux valait certainement ne pas s'en faire un ennemi. Pas tout de suite, en tout cas.

Les hommes de l'I.J. étaient trois, et celui qui tenait à la main un caméscope en avait visiblement terminé. C'est lui qui indiqua à Boris, après de brèves salutations :

– Le docteur Flutiaux ne devrait pas tarder, commandant, on n'attend que lui pour enlever le corps…

Boris acquiesça. Les deux autres fonctionnaires achevaient de relever des empreintes sur les barreaux du lit, en évitant de toucher au corps. En attendant qu'ils s'écartent, Boris aperçut sur le dossier d'un fauteuil des vêtements de femme soigneusement pliés. Un tailleur de marque, un chemisier, des bas et des sous-vêtements plutôt ordinaires, comme les chaussures. Pas vraiment ce à quoi il s'attendait. Pas de sac à main, mais dans les poches de la veste, il trouva un portable, des clés, un badge et une petite pochette dont il fit l'inventaire. Outre une centaine d'euros, elle contenait une carte d'identité et un nécessaire de maquillage. Le strict minimum dont s'encombre une femme pour se rendre à un rendez-vous clandestin… La femme en l'occurrence s'appelait Léa Tulin.

– Quelqu'un a pu emporter quelque chose depuis votre arrivée ? demanda-t-il au caméraman.

Celui-ci secoua négativement la tête. Boris aperçut Robert, dans l'antichambre, qui parlait dans son portable en leur tournant le dos.

– Vous avez trouvé quoi ? questionna-t-il encore.

Les spécialistes des empreintes firent la même grimace.

– Une douille de 9 mm, répondit l'un d'eux en montrant un petit sac en plastique contenant l'objet. Il faudra s'en contenter.

– Ce n'est pas si mal… Des empreintes ?

– Trois fois rien et certainement pas celles du meurtrier, répondit l'autre. Il portait probablement des gants, il n'y a aucune trace sur la poignée de la porte…

Boris examina la vaste chambre, le lit même pas défait, la sanguine au mur et le miroir incliné. Pour une scène de crime, le trio de l'I.J. était vraiment le strict minimum, là aussi. Il se pencha vers le corps. Laurent Versois approchait la cinquantaine, portait un costume et des chaussures sur mesure, et n'avait même pas ôté sa cravate… Le pantalon aux genoux, il montrait des fesses blanches et maigres, un torse étroit. Son visage était étroit aussi, la bouche crispée réduite à un trait, mais les morts ont rarement l'air épanouis. Au-dessus de sa tête aux cheveux grisonnants mêlés de sang, les menottes pendaient, bracelets ouverts.

– Vous avez trouvé la clé ?

Ils se consultèrent du regard et répondirent non en

chœur. Service minimum… Boris retint difficilement un soupir excédé et les remercia d'un signe de tête. Puis il inventoria les poches de Laurent Versois, et n'y trouva qu'un portefeuille contenant des papiers, des cartes de crédit, de l'argent liquide… Ni portable, ni agenda, ni même un trousseau de clés.

Sous le regard indifférent des trois hommes, il se dirigea vers la salle de bains. Sa mauvaise humeur s'atténua considérablement quand il découvrit Léa Tulin, assise sur une chaise dans un coin, un verre aux trois quarts vide à la main.

Elle se tenait recroquevillée sur le siège, ses jambes nues croisées, les épaules couvertes d'un veston d'homme que Boris associa à la carrure de l'ex-inspecteur Maignard. Quand elle leva la tête à son entrée, il entrevit qu'elle ne portait rien dessous. Enfin, presque rien… Sur le sol carrelé se trouvaient une paire d'escarpins aux talons démesurés et un collier muni d'une chaîne aux larges anneaux.

Malgré son visage défait où le maquillage en coulant avait laissé des traces sombres et le désordre de ses cheveux bruns qui lui tombaient sur les yeux, elle était en apparence très calme. Belle, bouleversée, mais maîtresse d'elle-même. Un peu ivre peut-être, compléta-t-il en humant l'odeur de whisky de son verre. Le regard qu'elle posa sur lui quand il s'accroupit face à elle était un peu trop brillant. Il rompit le silence :

– Je suis le commandant Boris Corentin, de la police judiciaire, madame Tulin. Ça va ? Je peux vous poser quelques questions ?

–Déjà des questions… Vous savez mon nom?

–J'ai trouvé votre carte d'identité dans la poche de votre tailleur. Vous voulez vos vêtements?

Elle le fixa et grimaça un sourire.

–Ce sale type qui m'a traitée de pute ne me l'a même pas proposé!

–Ce n'est pas un policier, il est là parce qu'il connaît la victime.

–Moi pas! s'écria-t-elle. Je lui ai dit mais il ne m'a pas cru. Jamais je n'aurais fréquenté un connard pareil!

–Vous voulez dire Laurent Versois? Si vous ne le connaissiez pas…

–Je ne l'avais jamais vu, je vous jure. Pas avant que… Il était mort. Avant, je ne pouvais pas le voir…

Elle se mordit les lèvres en se tortillant, se souleva et tira de sous ses fesses un masque en cuir souple. Elle le tint un instant devant le visage de Boris, puis le laissa tomber à terre et dit posément d'une voix basse, en le regardant dans les yeux:

–J'étais attachée, aveugle, et ce type… Laurent…?

–Laurent Versois.

–Je ne connais personne de ce nom, affirma-t-elle. Ce n'est pas lui qui devait venir, vous comprenez? J'attendais…

Elle hésita, redressa le buste, découvrant sous les yeux de Boris ses seins ronds et fermes; puis elle poursuivit:

–J'attendais Paul, mon amant, c'est avec lui que j'avais rendez-vous, et pas avec ce crétin qui a été incapable de me faire jouir.

Boris, quelque peu stupéfait, hocha la tête. Il se releva et elle l'imita. Elle vida d'un trait le reste d'alcool dans son verre et le lui tendit.

– Vous seriez gentil de m'en verser un autre ? Et de me donner mes vêtements ?…

Le veston glissa de ses épaules sans qu'elle y prenne garde. Boris enveloppa Léa Tulin d'un coup d'œil, sans dissimuler qu'il appréciait. Son regard se posa sur le cache-sexe de cuir noir qui ne masquait qu'à moitié la toison brune du ventre. Il vit la découpe qui dénudait le sexe, épousant exactement les contours de la fente verticale. Relevant les yeux, il constata que les bouts des seins de la jeune femme durcissaient. Le regard voilé, elle répéta d'une voix assourdie :

– J'étais attachée, aveugle, et… j'avais très envie de jouir, vous comprenez ?

Boris acquiesça, prit le verre vide et se détourna.

– Je vous apporte vos vêtements, dit-il avant de sortir.

Brichot était dans la chambre, en compagnie d'un petit homme tout en rondeurs qui arborait un nœud papillon à pois. À peine eut-il reconnu Boris que le docteur Flutiaux s'exclama :

– Commandant Corentin ! On a besoin d'un petit remontant pour supporter la vue des macchabées, à présent ? Vous vieillissez, ma parole ! Je vous trouve un peu pâle…

– Salut, toubib ! Toujours aussi drôle !

– J'ai bien du mérite, je vous assure… Alors que je risque d'être en retard au dîner où on m'attend !

Comme Boris prenait dans le bar une bouteille de

bourbon entamée et en versait une bonne dose dans le verre, Flutiaux lança en s'approchant du corps :

– Il était candidat à quelque chose, votre bonhomme ? Les fesses à l'air, ce n'est pas une tenue pour se présenter !

– Pour le septième ciel, ça lui a paru la bonne, répliqua Boris. Et maintenant, c'est votre bonhomme, toubib…

Brichot prit un air consterné. L'humour noir n'était pas sa tasse de thé. Tandis que le légiste sortait de sa poche un dictaphone et l'enclenchait pour enregistrer ses premières constatations, il glissa à sa flèche :

– Le gardien n'a rien vu : il arrive qu'en réservant une chambre, on lui demande de s'absenter.

– Et il ne sait rien de la personne qui a réservé ?

– Rien d'utile… Je lui ai demandé de passer demain au Quai[3].

– Et Maignard ? demanda Boris en rassemblant les vêtements de Léa Tulin.

– Je pensais l'emmener au bureau pour prendre ses déclarations.

Boris réfléchit un instant. Par la porte ouverte de l'antichambre, il voyait le préfet Robert, son portable toujours à l'oreille, qui les observait tout en parlant.

– Qu'il te ramène dans la voiture de Versois, proposa-t-il, et fais pour le mieux, mais sans témoin. On reste dans l'officieux… Moi, je m'occupe de la femme. Elle est secouée…

Boris montra le verre et Brichot approuva, ajoutant d'un air entendu :

– On met tout ça au clair demain matin au bureau…

3. Le quai des Orfèvres, dans l'île de la Cité, siège de la police judiciaire parisienne, au numéro 36.

–Exactement, mais question clarté, j'ai peur qu'on en soit loin. Je t'expliquerai… Maignard a la moindre idée du mobile ?

Brichot secoua la tête.

–Toutes les hypothèses sont ouvertes, dit-il. C'est la première fois qu'il conduisait Versois ici… Pas vraiment un habitué de ce genre de rendez-vous, d'après lui.

Boris allait ajouter quelque chose, mais Robert avait refermé son portable et venait vers eux.

–Alors, commandant ? Elle s'est montrée mieux disposée avec vous ?

–Très bien disposée, monsieur. Mais c'est mon métier de mettre les gens en confiance…

Insensible à l'ironie, Robert reprit avec un coup d'œil en direction du corps :

–Je ne peux pas m'attarder. On m'attend… Le témoignage de cette fille sera-t-il de quelque utilité, selon vous ?

–Il est un peu tôt pour en juger, mais j'ai l'impression qu'elle n'est pour rien dans tout ça…

Robert tendit à Boris une carte de visite où plusieurs numéros avaient été ajoutés à la main, en plus de ceux imprimés.

–Vous n'aurez aucun mal à me joindre pour me tenir informé, commandant. J'imagine que cette fille… qu'une professionnelle de ce genre est capable de voir où est son intérêt. On sait tenir sa langue, dans ces métiers… Je compte sur vous, mais au cas où il faudrait l'encourager, n'hésitez pas à me soumettre vos suggestions.

Pierre-Jean Robert, pas mécontent de son petit discours, esquissa un sourire et salua les deux policiers d'un hochement de tête.

– Bonsoir, messieurs, à bientôt.

Flutiaux en avait terminé et faisait signe qu'on emporte de corps de Versois. Un peu sidéré, Brichot prit sa flèche à témoin :

– Il ne manque pas d'air, le préfet… Qu'est-ce qu'il croit ?

– L'argent, l'influence, la corruption si besoin…, soupira Boris. On vit dans un monde formidable…

– Formidable, c'est le mot ! s'exclama Flutiaux qui avait entendu le dernier mot. Une exécution bien proprette, messieurs. Beau travail ! Notre ami a juste eu le temps d'un ultime petit plaisir, et hop ! le rideau est tombé d'un coup.

Il consulta sa montre.

– Je me sauve, mes très chers, on passe à table de plus en plus tard, dans ce pays… Mon rapport demain soir, Corentin, mais n'attendez pas de scoop. Question scoop, soit dit en passant…

Il eut un petit rire et baissa la voix :

– Si j'ai bien compris la situation, notre ami brutalement arraché à notre affection s'appelait Motus bouche cousue…

Et sur cette pirouette, il prit congé.

Jo Maignard s'écarta pour le laisser passer et entra dans la chambre.

– Vous pouvez conduire ? lui demanda Brichot. On va au Quai.

– Conduire, je suis plus bon qu'à ça, répondit l'ex-inspecteur d'un ton plein d'amertume.

Il n'avait toujours pas digéré sa rencontre mouvementée avec le tueur.

– Euh… j'ai prêté mon veston à la dame, ajouta-t-il.

– Je vous le rapporte, dit Boris. C'est vous qui avez ouvert les menottes ?

– Oui, comme je l'ai raconté au capitaine… Les clés étaient à la tête du lit. (Il fouilla sa poche et les en sortit.) Les voilà.

Brichot les prit et Boris montra à Maignard la pochette en plastique où il avait glissé le portefeuille de Versois.

– Votre patron n'avait pas de portable ?

L'ex-inspecteur fronça les sourcils, interloqué.

– Si, bien sûr. Dans son baise-en-ville. Un petit sac Hermès. Il avait deux portables, même, et plein d'autres trucs dedans… Le motard me l'a balancé sur le crâne, quand j'étais à terre.

– Où est-il, ce sac ?

Jo Maignard regarda autour de lui, se frotta le menton et baissa les yeux quand il croisa le regard de Boris.

– Vous en avez fait quoi, Jo ?

– Je l'ai donné à M. Robert quand il est arrivé, avoua celui-ci, gêné.

– Il vous l'a demandé et vous lui avez donné, c'est ça ? insista Boris.

– Oui.

– Et à part les portables, intervint Brichot, qu'est-ce qu'il y avait dans ce sac ?

– Clés, chéquiers, un agenda gros comme un annuaire,

est-ce que je sais ? répondit Maignard en se dandinant d'un pied sur l'autre. Un appareil photo numérique, un petit qui ne se remarque pas… C'était sa marotte…

– O.K., fit Boris. Le tueur voulait embarquer tout ça, il n'a pas pu, et c'est Robert qui l'a escamoté, histoire sans doute qu'on n'y mette pas le nez… Décidément, on nous prend pour des billes !

Il faillit boire le bourbon destiné à Léa Tulin, qui ne lui aurait pas fait de mal dans ces circonstances contrariantes.

– Allez, Mémé, à demain, on fera le point…

– Ma veste…, glissa Maignard.

– Tout de suite !

Il ouvrit la porte de la salle de bains. Léa Tulin s'était rassise à la même place, mais elle s'était lavé le visage et faisait meilleure figure. La veste gisait toujours sur le carrelage, et elle n'avait pas ôté le cache-sexe de cuir qui cachait si peu.

– J'ai cru que vous m'aviez oubliée, se plaignit-elle d'une petite voix.

– Rhabillez-vous, je vous ramène, dit Boris en posant les vêtements sur les genoux de la jeune femme, et le verre sur un meuble à côté d'elle.

– Où ça ?

– Chez vous, par exemple. On sera plus tranquilles pour bavarder. Vous serez plus tranquille, surtout, pour me raconter tout ça…

Elle but une gorgée de bourbon.

– Merci…

En se penchant pour ramasser la veste, il regarda le

ventre, puis les seins nus de la femme brune. Il la vit frissonner, et ce n'était pas l'effet de l'alcool. Pas seulement.

– Je vous attends à côté, dit-il.

– Ils sont partis ?

– Le corps a été emporté, oui…

Elle battit des cils sans rien dire.

Boris rejoignit dans l'antichambre Brichot et Maignard, tendit son veston à celui-ci, qui sortit d'une poche des clés de voiture.

– Elle se remet ? demanda Brichot.

– Je crois que ça ira, le rassura Boris. Je vais la ramener chez elle, ce sera moins stressant qu'au bureau.

Les deux hommes quittèrent la suite, Brichot refermant la porte.

Une fois seul, Boris revint dans la chambre. Il observa la sanguine accrochée au mur, le large lit qui n'avait pas servi, à la tête duquel s'affichait l'heure. Il était 20 h 20. Seules quelques taches de sang sur l'épais tapis rappelaient le drame qui s'était déroulé ici deux heures à peine auparavant…

Un bruit en provenance de la salle de bains lui fit tourner la tête. La porte était à présent ouverte. Léa Tulin se tenait debout, adossée au marbre de la double vasque, dans la même tenue, c'est-à-dire nue, sauf la parure très indécente de son bas-ventre. Le pouce glissé sous la ceinture, elle fit claquer le cuir sur sa peau et dit en le fixant :

– Vous pourriez m'aider, s'il vous plaît ? Je n'arrive pas à la retirer…

CHAPITRE III

Elle avait presque vidé le verre et ses yeux noisette brillaient encore plus. En s'approchant, Boris vit que ses lèvres humides tremblaient. Elle se cambra, creusant le ventre. La ceinture avait laissé une marque sur sa taille.

– Ça me colle à la peau, dit-elle dans un souffle, les seins tendus. Vous voulez bien me l'enlever, commandant ?

Il posa une main sur sa hanche, insinua un doigt sous le cuir. Léa tressaillit et avança le bassin.

– Vous pouvez m'appeler Boris.

– Vraiment ? Je préfère, c'est moins solennel…

Les pointes sombres de ses seins se raidirent. Entre les bourrelets de cuir qui comprimaient son sexe, les renflements jumeaux émergeaient. Boris saisit la ceinture et tira doucement, mais vers le haut, accentuant la pression pour faire saillir davantage les chairs gonflées. Léa s'agrippa des deux mains au rebord de marbre contre lequel elle s'appuyait. Elle resserra les cuisses puis les ouvrit largement. Ainsi offerte, bras et jambes écartés, la vulve étranglée et projetée en avant, elle était d'une impudeur provocante. Elle dit d'une voix saccadée :

– Je vous dirai tout ce que vous voulez savoir, Boris… Vous ne me croyez pas capable de…

Il plaqua sa paume sur le cuir et allongea les doigts au contact des lèvres intimes. Léa fut parcourue par un frémissement.

– Je ne suis pour rien dans cette horrible chose, murmura-t-elle, le souffle court.

Pinçant les coutures, il fit éclore comme un fruit mûr le sexe rose vif. Léa coulait comme une fontaine sur ses doigts.

– Je voulais seulement obéir à Paul, continua-t-elle tout bas, en pressant son ventre contre sa main. Depuis que je l'ai rencontré, je ne me reconnais plus, vous n'imaginez pas ce qu'il me demande… C'est plus fort que moi, il me fait perdre la tête. Oh… oui… serrez plus fort, ça me scie la chatte, c'est terrible !

Elle se mit à haleter, le buste rejeté en arrière, les seins pointés vers le plafond. Boris faisait rouler entre deux doigts le bourgeon sensible qui dardait au sommet du sillon crémeux. Les mots devinrent inaudibles dans la bouche de Léa. Elle se mordit les lèvres en secouant la tête et la peau claire de sa gorge s'empourpra. Quand il lui caressa les seins, aussi fermes que le marbre auquel elle se cramponnait, elle laissa fuser une plainte.

– Vous savez ce qu'il me faut, Boris… allez-y, ne les ménagez pas…

Il froissa l'un après l'autre les mamelons, étira les

pointes et les tordit légèrement d'abord, puis plus brutalement, alors qu'elle l'encourageait de petits gémissements. La paume inondée, il enfonça deux doigts en elle, le pouce massant vivement son clitoris. La jeune femme se cabra comme sous l'effet d'une décharge électrique et jouit en poussant un cri rauque.

Elle resta un instant un instant tendue comme un arc, le ventre noué, les yeux dilatés et le regard vide, le sexe ruisselant. Puis elle s'amollit et reprit haleine.

– Je me sentais si mal, bredouilla-t-elle, avec ce sale type qui m'écrasait. Et puis les autres qui me prenaient pour… Je ne suis pas une pute, vous me croyez, n'est-ce pas ?…

Boris dut la retenir pour l'empêcher de glisser à terre. Accrochée à son bras, elle se serra contre lui. Elle écarquilla les yeux, poussa son ventre contrc lc sien. Les joues rouges et mouillées de larmes, elle murmura :

– Vous avez envie de moi… faites comme vous voulez… Vous m'avez bien fait jouir.

Si elle était apaisée, elle ne semblait pas pour autant rassasiée, et n'était pas ingrate. Boris dut faire un effort pour l'écarter de lui. Elle avança une main vers l'érection qui déformait son pantalon, mais il arrêta son geste.

– Je vous ramène chez vous, Léa, dit-il fermement.

Comme elle gardait les yeux fixés sur la bosse éloquente et ne réagissait pas, il saisit la ceinture du sous-vêtement et le décolla. Le cuir souple adhérait comme une ventouse et produisit un chuintement quand il le retourna pour le tirer sur le haut des cuisses. Léa le laissait faire. Le frottement de la lanière avait enflammé la peau entre ses fesses. Sous les boucles aplaties de sa toison brune, sa fente béait, dévoilant les chairs congestionnées. Le cache-sexe fendu tomba sur ses chevilles.

– Rhabillez-vous, maintenant, lui dit Boris.

Elle hocha la tête et se retourna vers ses vêtements, lui montrant sa croupe ronde et épanouie, l'évasement de ses hanches sous la taille fine. Il dut à nouveau prendre sur lui pour ne pas profiter sur-le-champ de ce qu'elle lui offrait si complaisamment.

Mais l'atmosphère de la Résidence Victoria commençait à sérieusement lui peser, et il n'oubliait pas que dans la pièce voisine, un homme avait été abattu, sans même avoir vu son meurtrier et compris ce qui lui arrivait.

Léa se contenta de passer son chemisier et son tailleur, négligeant de remettre ses sous-vêtements et ses bas. Elle en fit un petit paquet, auquel elle joignit le masque et la culotte de cuir, ainsi que le collier. Surprenant son regard, elle demanda d'une voix innocente :

– Je peux les emporter ?

Il haussa les épaules et elle roula le tout sous son bras, ne laissant que les chaussures.

Au moment de quitter la suite, Léa s'attarda devant le tableau qui décorait le mur. La femme nue de la sanguine lui inspira un sourire et elle rougit, puis elle rejoignit Boris sur le seuil, sans prêter la moindre attention aux taches de sang sur le tapis.

– Je vous suis…

Ils ne virent personne en quittant la Résidence Victoria.

*

* *

Léa Tulin habitait à l'adresse que mentionnait sa carte d'identité, au sud de Paris, près de la mairie du XIVe arrondissement. Boris prit le périphérique Porte de Passy et un quart d'heure plus tard, il eut la chance de trouver une place de stationnement à deux pas de chez elle, rue des Plantes. Léa n'avait pas de voiture, elle se rendait à son travail à la Défense en RER, lui expliqua-t-elle, et ce fut tout ce qu'elle dit durant le trajet.

À présent qu'ils étaient sortis du cocon feutré et hors du temps de l'hôtel particulier de Passy, elle semblait soucieuse, énervée. Elle avait allumé son portable et consulté sa messagerie, devina-t-il, mais passé aucun coup de fil. Il attendit d'être chez elle pour renouer le fil de la conversation.

Elle habitait, au dernier étage d'un immeuble récent, un duplex agrémenté d'une terrasse avec une vue imprenable sur le cimetière du Montparnasse et la tour. Le vaste séjour comportait peu de meubles mais un équipement audiovisuel dernier cri, une cuisine américaine agencée derrière un bar en demi-cercle. Un ordre impeccable y régnait.

– Servez-vous à boire, dit Léa en montrant le bar à Boris. Il y a du vin blanc dans le réfrigérateur.

Elle monta l'escalier intérieur qui desservait une mezzanine aménagée en bureau et il entendit un répondeur téléphonique se mettre en marche. Les messages se dévidèrent, nombreux et professionnels, lui sembla-t-il, mais il était trop loin pour les comprendre. La voix des derniers avait des intonations pressantes, puis carrément furieuses.

Léa arrêta l'appareil et passa dans une pièce qui devait être sa chambre. Quand elle redescendit, le pouilly qu'il avait servi n'avait pas eu le temps de tiédir. Recoiffée et débarrassée des dernières traces de maquillage, mais la bouche soulignée d'un rouge sombre qui contrastait avec la pâleur de son teint, elle portait un kimono noir et blanc à motifs géométriques et était pieds nus. Elle rejoignit Boris et saisit le verre qu'il lui tendait. Elle en vida la moitié d'un trait. Son visage était blême.

–Ça va ? s'inquiéta-t-il. Vous devriez y aller doucement…

Elle haussa les épaules, but une autre gorgée.

– Vous avez eu un choc, le contrecoup…

Elle l'interrompit d'un geste qui fit tomber quelques gouttes de vin sur la moquette gris clair.

–Ça n'a rien à voir, assura-t-elle. J'ai eu très peur et je me suis évanouie parce que j'étais à cran. Les nerfs à vif de frustration.

Elle le regarda dans les yeux et poursuivit :

– Vous m'avez soulagée et j'aimerais que vous recommenciez… que vous me baisiez, mais…

–Quoi ? Qu'est-ce qui vous fait peur, maintenant ?

Elle prit une profonde inspiration.

–J'ai réalisé dans la voiture… C'est Paul qui aurait dû venir, et qui aurait dû… C'est lui qu'on voulait tuer.

– Vous avez peut-être raison, admit Boris. Il ne vous

a pas appelée ? Laissé de message ?

– Non. Mais ce n'est pas son genre d'expliquer les choses.

– Pourquoi ne pas lui téléphoner ? Je compte bien lui parler à lui aussi.

– C'est plus compliqué que vous ne l'imaginez, Boris. Pendant très longtemps, jusqu'à ces derniers mois, en fait, ma vie a été plutôt simple. Avec Paul, tout a changé… J'ai changé…

– Commencez par lui passer un coup de fil, invitez-le à venir ici, et on verra bien ce qu'il raconte…

Elle se mit à rire, découvrant des dents blanches brillantes.

– Vous ne me croyez pas, mais vous avez tort. D'abord, je ne sais pas comment le joindre. C'est toujours lui qui appelle.

– Vous ignorez où il habite ?

Elle acquiesça.

– Je ne sais rien de sa vie, et même pas son nom. Il est Paul, c'est tout.

Elle s'amusa de sa surprise et se resservit à boire.

– J'ai faim, vous n'avez pas envie de manger quelque chose ?

Sans attendre sa réponse, elle fit le tour du bar, sortit d'un meuble une grande casserole et mit de l'eau à chauffer.

– Des pâtes fraîches aux épinards et à la ricotta, ça vous convient ?

Boris hocha la tête, pivotant sur le haut tabouret où il était assis pour lui faire face.

–Je fais de la cuisine rapide, et de toute façon, je mange rarement ici, dit-elle en ouvrant le frigo. Un peu de saumon fumé pour patienter ?

Elle disposa des assiettes sur le comptoir entre eux, répartit de fines tranches de saumon et fit griller du pain de campagne dans un toaster.

–Quand Paul vous a-t-il appelée, la dernière fois ? demanda Boris.

–Aujourd'hui, en fin de matinée. Il m'a envoyé un texto pour me fixer ce rendez-vous. Je ne voulais pas y aller. Il m'a téléphoné une heure après pour donner les détails. Cela faisait quinze jours qu'il ne m'avait pas fait signe…

–Et vous avez accepté le rendez-vous…

–Pas vraiment, j'ai résisté bravement ! Mais il savait que je viendrais, finalement. Comme d'habitude… Je me suis sauvée du bureau à quatre heures. Un quart d'heure avant, je me jurais encore que je n'irais pas… Un jeudi, avec la grande réunion des chefs prévue à cinq heures !… Ils ont dû faire une gueule !… Vous en voulez ?

Elle versa un peu d'huile l'olive sur le pain grillé, y étala du saumon et se mit à manger. Sur la mezzanine, le répondeur s'enclencha.

« Léa… c'est encore Caroline, je t'en prie, réponds-moi… Dis-moi seulement que tu vas bien, que tu n'as pas de problèmes… »

Léa saisit vivement une télécommande sur le plan de travail, la pointa vers la pièce et une musique de jazz s'éleva, couvrant la voix inquiète de Caroline.

– C'est mon assistante, dit-elle.

– Vous pourriez la rassurer.

– Plus tard. Elle m'emmerde. Elle s'imagine des tas de choses parce qu'on s'envoie en l'air de temps en temps… Elle est très baisable, remarquez, je vous la présenterai, si vous voulez l'interroger… Une vraie blonde avec un petit cul nerveux. Elle sait s'en servir, c'est un atout, chez Bartley comme ailleurs…

– Bartley, l'agence de pub ? releva Boris en avalant une bouchée de saumon.

– Bien sûr, c'est là que je travaille, avec Caroline pour m'aider à me passer les nerfs, quand les autres me gonflent vraiment trop, et c'est souvent…

– Qu'est-ce que vous faites chez Bartley ?

– Mais je suis la patronne, qu'est-ce que vous croyez ? Directrice de Bartley Advertising.

Boris digéra l'information en jetant un coup d'œil à l'appartement.

– Vous pensiez que je faisais la pute, comme l'autre pisse-froid ?

– Je vous jure que non, la détrompa-t-il du ton le plus sincère.

Léa jeta les pâtes dans l'eau frémissante et hocha la tête.

– J'ai envie de vous croire, quand vous souriez comme ça, dit-elle en croisant son regard.

Elle reprit après un silence, en baissant la voix :

– Vous voulez que je me mette nue ?

Elle tira ses boucles brunes vers l'arrière pour dégager son visage et articula en humectant ses lèvres rouges :

–Je vous sucerai, après.

Elle se contenta de dénouer la ceinture du kimono. Entre les pans noir et blanc, son corps plein et ferme apparut au gré de ses gestes tandis qu'elle cherchait un plat, puis qu'elle égouttait les pâtes et les préparait.

–Vous avez une idée de ce que fait Paul, dans la vie ? demanda Boris en remplissant le verre qu'elle lui tendait.

–Aucune.

Elle trempa l'index dans le vin et s'en frotta légèrement les mamelons. L'aréole grenue se rétracta et les bouts pointèrent, épais et de la couleur de grains de café. Elle les érafla de l'ongle, tout en reprenant :

–Il n'y a jamais fait allusion. Il a de l'argent, il se déplace en taxi, il connaît des endroits…

–Comme la Résidence Victoria ?

Les seins nus, un instant cachés, revinrent narguer Boris quand elle se pencha pour proposer :

–Huile d'olive, crème ? Les deux ?

–La même chose que vous, répondit-il en allongeant le bras pour lui caresser la poitrine.

Elle resta bras en l'air, frottant ses seins contre ses paumes, tout en expliquant d'une voix essoufflée :

–Il change d'endroit à chaque rendez-vous et c'est toujours surprenant. Mais nous ne nous sommes pas rencontrés plus d'une douzaine de fois.

–Et c'est la première fois que quelqu'un vient à sa place ? insista-t-il en la lâchant.

Elle s'éloigna pour accommoder les pâtes.

–Oui. Vous croyez que c'est lui le responsable de ce

qui s'est passé ? dit-elle en suspendant ses gestes. Qu'il aurait pu… ?

– Je ne crois rien, Léa, j'essaie de me faire une idée précise, et c'est difficile…

C'était surtout difficile de garder la tête froide et de poursuivre un raisonnement alors qu'après avoir posé le plat fumant sur le comptoir, elle versait un peu d'huile d'olive sur le bout de ses doigts et glissait sa main entre ses cuisses. Elle lui faisait face et tenait écartés les pans du kimono, pour qu'il voie bien ses doigts coulisser dans sa fente, se fixer sur son clitoris, puis disparaître plus bas. Elle fléchit légèrement les genoux et soupira. Elle avait une façon décidément très personnelle et excitante de faire la cuisine et de mettre le sexe à toutes les sauces…

– Ne laissez pas refroidir les pâtes, servez-les…, dit-elle en se redressant.

Elle ressortit du coin cuisine et vint contre lui.

– Je ne vous choque pas, j'espère ? Vous aimez les femmes et le sexe, je l'ai tout de suite deviné, dit-elle en se frottant contre son genou.

Boris dut reconnaître qu'il en avait vu d'autres, mais rarement connu d'aussi impudiques. Léa releva sur sa taille les pans du kimono, se pencha en avant et cambra les fesses.

– Elles vous plaisent ? demanda-t-elle en les balançant doucement.

– Beaucoup… mais asseyez-vous et mangez d'abord.

– Vous êtes patient, c'est rare chez un homme.

– Vous disiez que vous aviez faim…

– C'est vrai, je n'ai rien avalé de la journée.

Elle se hissa sur le tabouret voisin, ses fesses nues sur le siège rembourré, sans souci de dissimuler son ventre.

– Qu'est-ce que vous savez au juste de Paul ? reprit-il après avoir goûté les pâtes, cuites *al dente,* comme il se doit.

– Il a une belle queue et des mains affolantes. Comme vous... enfin, j'imagine. Mais il est plus vieux, cinquante ou cinquante-cinq. Et pas vraiment beau. Disons... magnétique. En tout cas, c'est l'effet qu'il m'a fait. Je l'ai rencontré en septembre dernier dans un cocktail professionnel. Il me regardait, on s'est à peine parlé... J'en étais toute remuée.

Une question vint à l'esprit de Boris, mais Léa, absorbée par ce souvenir, continua d'une voix sourde :

– Je suis allée aux toilettes, avec l'impression qu'il allait me suivre. Mais non, il ne l'a pas fait. Et puis quand je suis sortie des W.-C., il était là... Il m'a repoussée à l'intérieur, a mis le verrou, et... il s'est emparé de mes seins, sans dire un mot.

Elle se racla la gorge, les yeux dans le vague, frottant sournoisement ses fesses sur le tabouret, en resserrant les cuisses.

– Il m'a fait jouir rien que comme ça..., reprit-elle. Et puis je l'ai suivi. Une chambre d'hôtel à Saint-Germain. (Elle releva la tête et sourit.) Je m'en souviendrai toute ma vie ! J'en suis sortie toute cassée, mais... c'était si fort ! Les autres fois aussi. Mais à part de cul, il ne me parle jamais, pour ainsi dire.

Tout en mangeant avec appétit, elle poursuivit :

– Avant, je n'aurais jamais pensé que j'aimerais ça : obéir, attendre, souffrir pour jouir… J'ai travaillé comme une forcenée pour arriver à la place que j'occupe, et en choisissant le chemin le plus difficile, c'est-à-dire en faisant oublier que j'étais une femme. J'avais fini par l'oublier moi-même. Jamais de liaison qui dure, pas de sentiments, aucune faiblesse. La pub, c'est un panier de crabes, et moi, j'étais le jeune requin qui bouffe tout et ne regarde pas en arrière. Vous comprenez pourquoi c'est un peu plus compliqué maintenant ? Je me sens… dédoublée. Avec Paul, je me lâche, je retire la cuirasse. Vous me prenez pour une malade ?

– Non, je crois que vous êtes capable d'assumer, mais j'ai un petit problème sur les bras, moi…

– Une maso, ce n'est pas votre truc ?…

Boris secoua la tête en riant.

– Mon problème, c'est un type qui a reçu une balle dans la tête, Léa.

Il vit à son expression qu'elle s'en souciait comme d'une guigne. En repoussant son assiette, elle affirma à nouveau qu'elle ne connaissait pas Laurent Versois.

– Mais Paul aurait pu être à sa place, insista Boris. Ou bien c'est lui qui a piégé Versois. Je dois le retrouver…

Il pensait aussi à Pierre-Jean Robert, aux consignes de Baba, mais il n'avait rien dit de cet aspect de la situation à Léa. De toute façon, elle avait autre chose en tête. Et de la suite dans les idées.

– S'il se manifeste, je vous préviendrai, c'est promis, assura-t-elle en descendant du tabouret. Moi aussi, je veux savoir ce qu'il a manigancé. Mais il peut aussi bien m'appeler demain que dans huit jours…

« Ou plus jamais », songea Boris, perplexe.

À nouveau, Léa vint contre lui, mais cette fois elle enfourcha son genou et se frotta dessus comme une chatte. Son beau visage aux traits réguliers se crispa. Elle murmura :

– Je mouille comme une folle en pensant à ta queue…

Il se pencha pour lécher ses seins et aspirer les pointes, les mordiller. Les doigts agiles de Léa s'attaquèrent à sa ceinture. Il lui prit les fesses et les écarta. Le sillon entre elles était moite, huilé. Très vite, Léa se mit à haleter.

– Elle est grosse ! Je la veux aussi dans mon cul ! dit-elle en palpant à travers le tissu le membre imposant.

Boris releva la tête et l'embrassa, tout en glissant du tabouret. Aussitôt, la jeune femme se laissa aller contre lui.

– Va sur le canapé, dit-il en s'écartant d'elle et en imitant son tutoiement.

Qu'il entre enfin dans son jeu la fit frissonner d'excitation. Docilement, elle marcha vers le plus proche des canapés en cuir qui garnissaient la pièce. Elle se débarrassa du kimono, mais garda la large ceinture de tissu à la main, comme pour l'inviter à en faire usage. Au moment où elle se retournait, attendant d'autres ordres, une sonnerie de portable retentit.

Boris mit un instant à reconnaître celle de son téléphone. La part de son esprit qui restait réticente à s'impliquer dans le scénario vicieux de Léa – non pas parce qu'il n'en avait pas envie, mais parce qu'il sentait qu'elle usait de lui comme d'un substitut à son amant Paul, et cette impression était désagréable –, cette part-là reprit le dessus. Il alla prendre l'appareil dans la poche de son blouson suspendu à une patère. C'était Aimé Brichot qui l'appelait, de leur bureau au Quai.

– Salut, Mémé, un problème ?

– Non… Enfin, si…

– Il est presque dix heures et demie et tu n'es pas rentré chez toi…

– Justement, j'en ai terminé avec Maignard, mais la journée n'est pas finie, se plaignit Brichot. Baba est revenu, je te dis pas l'humeur, et on attend PJR, tu vois ? Pour mettre au point une stratégie, comme disent les communicants… Pas les vases, les experts !

– Je vois, soupira Boris. Il ne manque que moi…

Il s'était éloigné vers une des baies vitrées coulissantes donnant sur la terrasse pour parler boutique avec son équipier. Il eut conscience d'un mouvement silencieux derrière lui et vit apparaître dans la vitre le reflet de Léa. Son corps nu se plaqua contre son dos.

– Tu as deviné, disait Mémé. Il ne s'agit pas que les journalistes fourrent leur nez là-dedans, mais il faut tenir prête une version crédible de ce qui s'est passé… Bref, on doit faire le point et verrouiller.

Boris fut un peu long à répondre. Léa, devinant sans doute que la suite de la soirée lui échappait, avait noué ses bras autour de sa taille et s'affairait des deux mains à finir de libérer l'objet de sa convoitise. Elle s'agenouilla. Il sentit sa poitrine s'écraser contre ses reins.

– J'arrive, dit-il. Le temps de prendre congé et de récupérer la voiture.

– Alors à tout de suite…

À genoux, Léa vint devant lui sans cesser de le manipuler d'une main. Les yeux agrandis de gourmandise, elle pressa contre sa bouche le membre raide, avant de l'enfoncer entre ses lèvres.

– Au fait, la petite dame va bien ? s'enquit Brichot, toujours soucieux du sort d'autrui et débordant de compassion à l'égard des victimes.

Boris posa sa main libre sur le crâne de Léa pour encourager ses efforts.

– Elle a de la ressource, assura-t-il, elle est de taille à surmonter l'épreuve… À plus, Mémé.

Il coupa la communication et rempocha son portable.

Les lèvres distendues, les narines dilatées, la jeune femme semblait en effet capable de l'engloutir entièrement, ou presque. Elle s'y appliquait en poussant de petits geignements étouffés. Elle recula lentement pour reprendre son souffle et sa langue entama un ballet endiablé. Comme elle allait parler, entre deux baisers mouillés, il pesa sur sa tête, d'un geste autoritaire. Elle replongea avidement, en se cramponnant à sa taille, et lui adressa à travers ses longs cils un regard chaviré. Elle l'encourageait, à son tour. À user d'elle à sa guise, à ne pas la ménager… Autant que sa bouche accueillante ou que sa manière de creuser les reins pour qu'il voie bien, dans la vitre, que son cul était également disponible, l'expression de ses yeux noyés de plaisir balaya en un clin d'œil les pensées importunes de Boris.

D'un coup de reins impatient, il s'engouffra jusqu'à la garde. Les yeux toujours levés s'emplirent de larmes, mais Léa parvint à ne pas s'étrangler, même quand ses mouvements devinrent de plus en plus vifs. Elle gémissait sourdement et continuait à l'aspirer. Il se déversa au fond de sa gorge avec un cri et elle resta soudée à son bas-ventre, lui arrachant jusqu'aux dernières gouttes de sève.

Puis elle se rejeta en arrière, pantelante, un filet de sperme luisant au coin des lèvres, la mine extatique. C'est elle qui rompit le silence.

–C'était bon ! Tu reviendras, j'espère.

Chapitre IV

Retranché derrière son grand bureau Empire, Charlie Badolini affichait sa tête des mauvais jours. Malgré le haut plafond, et une fenêtre entrouverte, la pièce semblait le dernier repaire du dernier irréductible accro à la cigarette. L'atmosphère saturée de fumée tabagique était à couper à la tronçonneuse, et à peine eut-il écrasé dans le cendrier le mégot d'une énième Job spéciale que le patron de la Brigade mondaine en alluma une autre, saluant l'entrée de Boris d'un panache vengeur. Ce n'était pas le moment d'invoquer des arguments sanitaires ou légaux. Ni de répliquer quand Baba, carré dans son fauteuil Empire proportionné à sa corpulente silhouette, l'œil sombre sous la lourde paupière, laissa tomber en guise de bonsoir :

– Vous en avez mis du temps, Corentin ! Encore des embouteillages à cette heure ?

Il était onze heures passées de quelques minutes. Brichot était assis sur une chaise, le préfet Pierre-Jean Robert dans un des deux fauteuils – également Empire, mais de dimensions plus modestes – réservés aux visiteurs. Boris prit place dans l'autre. L'air pincé de Robert ne l'incita pas à s'excuser d'être en retard. D'ailleurs, en retard sur quoi ? Il avait fait aussi vite que possible. Et même plus vite probablement que quiconque confronté à pareille situation… Sauf que ce n'était pas un exploit racontable. Puis il s'avisa que PJR tenait encore à la main son attaché-case et devina qu'il arrivait sur ses talons. Il se contenta donc de sourire aimablement à la ronde.

Robert posa sa mallette à ses pieds. Baba avança le menton en direction de Boris et demanda :

– Alors, où en est-on ?

Mieux valait être succinct et peser ses mots. Il commença :

– La femme qui se trouvait dans la chambre de la Résidence Victoria quand Laurent Versois a été abattu ne connaissait pas la victime. Elle avait rendez-vous avec un autre homme, son amant, un certain Paul. Dont elle ne connaît ni l'identité complète, ni l'adresse. C'est étrange, mais c'est ainsi. Elle et cet homme, Paul, entretiennent depuis quelques mois des relations épisodiques, sadomasochistes. Elle était attachée et masquée, elle s'était elle-même menottée et aveuglée, elle n'a donc rien vu : ni Versois, ni le meurtrier. Elle s'est seulement rendue compte de la substitution… La question est donc de déterminer si le meurtrier a cru tuer Paul, ou si ce Paul, connaissant Versois, l'a envoyé à sa place au rendez-vous, soit pour l'abattre lui-même, soit parce qu'il savait qu'on allait le tuer. À ce stade, il n'y a que des hypothèses, mais l'urgent, c'est de mettre la main sur Paul. La femme me paraît hors de cause. Et elle n'était pas là pour l'argent.

– Ce n'est pas une pute ? questionna abruptement Robert, visiblement interloqué.

– Ni pute ni call-girl. Elle est directrice d'une société. Elle tient beaucoup à l'anonymat, et n'a vraiment aucun intérêt à ce que cette affaire s'ébruite.

– Vous en répondez ? insista Robert, ses yeux gris bleu perçants rivés sur Boris.

– Je la crois.

– Dans ce cas, c'est un bon point.

– Reste le mobile, intervint Baba, manifestement soulagé qu'une source de problèmes éventuels soit réglée. Vengeance ? Règlement de comptes ? D'après ce qu'on sait, ajouta-t-il en regardant Brichot, ça ressemble à une exécution de professionnel. C'est ça qui collc le moins dans le tableau.

– C'est vrai, approuva Mémé. Le motard est resté sur les lieux moins de trois ou quatre minutes, d'après Jo Maignard. Il savait où aller, a tiré une fois, un coup mortel, et s'est enfui malgré l'intervention de l'ancien policier.

– Si le mobile est passionnel, cela signifie qu'il y a un commanditaire. La fille n'était pas vénale, mais on a payé le tueur.

Baba retrouva le sourire, satisfait de sa formule. Robert reprit la parole :

– J'ai prévenu la femme de Versois, Fabienne. Elle s'est montrée courageuse… Elle est toute prête à aider l'enquête, mais très attachée évidemment à ce que ce drame n'éclabousse pas ses proches.

Voyant le froncement de sourcils interrogateur de ses deux subordonnés, Baba précisa généreusement :

– La famille de Mme Versois est très honorablement connue.

– C'est une raison supplémentaire pour éviter à tout prix que soient exposés sur la place publique des éléments que certains ne manqueraient pas d'exploiter à des fins nauséabondes, martela le préfet Robert avec toute l'emphase adéquate.

C'était peut-être même la raison principale, songea Boris.

– Puisque tout le monde a le même intérêt dans cette affaire, remarqua-t-il, il nous reste à faire notre travail. Lequel se passe très bien de publicité.

Baba approuva d'un marmonnement la conclusion de ce festival de langue de bois, et Robert remit la main sur son attaché-case, prêt à s'éclipser une fois remplie sa mission de verrouillage. Boris se demanda quelle version de la mort de Versois allait être concoctée, pour que les circonstances de son décès n'éclaboussent personne. Difficile de prétendre qu'il était mort dans un accident de la route, tout de même. Un suicide, peut-être ? Ce qui avait dans le passé marché pour des ministres pouvait bien convenir à un conseiller en communication…

Robert, bon prince, lui fit cadeau de la réponse à la question qu'il n'avait pas posée. Une réponse bien dans sa manière :

– Mme Versois et sa famille ne rendront pas publique avant le week-end la nouvelle du décès, et il n'y a aucune raison que leur parole soit mise en doute. Mais d'ici là, je suis certain que vous aurez grandement progressé, messieurs.

Il déplia son grand corps maigre et serra la main de Badolini.

– J'ai encore du travail, dit-il. Merci, Charlie…

Avant qu'il ne s'en aille, Boris lui demanda :

– Laurent Versois avait une petite sacoche Hermès sur lui, cet après-midi. On ne l'a pas retrouvée sur les lieux…

Robert ne se démonta pas.

– Je l'ai remise à Mme Versois, assura-t-il sans sourciller. Elle est disposée à vous recevoir dès demain matin.

Il y eut un silence prolongé après le départ du préfet Robert. Baba le rompit en se levant pesamment.

– Messieurs, la situation est claire, je crois.

– Vous voulez dire qu'elle est clairement sous contrôle, patron, rectifia Boris avec un sourire contraint.

– Les opinions personnelles ne sont pas de mise, Corentin. Il s'agit de faire son boulot, un point c'est tout.

Le soupir du divisionnaire signifiait qu'il n'en pensait pas moins.

– Je vous fais confiance, conclut-il en décrochant son imperméable. Marcher sur des œufs, vous savez faire, depuis le temps… Je vous souhaite une bonne nuit.

De retour dans leur bureau, Brichot commenta :

– On n'est pas sorti de l'auberge.

– Comme tu dis, Mémé. Tu as trouvé le temps de

dîner, d'ailleurs ?

– Non. Toi non plus, je parie.

– Oh, j'ai grignoté, éluda Boris. On va réparer cet oubli et boire un verre ? Et après, je te ramène.

– O.K. On a intérêt à mettre au point un plan de bataille.

Il prit sur son bureau une chemise, montra les deux feuillets qu'elle contenait.

– Ça concerne Versois, dit-il en l'emportant. C'est encore maigre.

– Dommage qu'on n'en ait pas ne serait-ce que la moitié sur le dénommé Paul !

*

* *

En revenant une heure plus tard du Kremlin-Bicêtre, où il avait déposé Mémé au bas de son immeuble, Boris était bien obligé de constater qu'en fait de plan de bataille, tout ce qu'ils avaient pu échafauder tenait en peu de mots. Même en supposant que Fabienne Versois se montre aussi coopérative que l'avait promis Robert, les espoirs de ce côté-là semblaient minces.

D'après Maignard, le couple battait de l'aile. Versois menait sa vie, c'est-à-dire surtout sa carrière, et sa femme se morfondait à la maison. Leur fils unique âgé de vingt ans vivait à Londres. Fabienne Versois jouait au bridge, allait seule au musée ou au théâtre, et n'avait apparemment pas d'aventures extra-conjugales. Boris craignait qu'elle n'ait pas grand-chose à leur révéler des relations clandestines de son mari. Il l'imaginait difficilement être au courant de la visite que celui-ci avait rendue la veille à la Résidence Victoria. Il y avait une autre raison de ne pas être optimiste : toujours selon son chauffeur, Laurent Versois n'était pas un habitué de ces 5 à 7 soustraits à un agenda surchargé. Pas son genre, avait affirmé l'ex-inspecteur à Mémé. Quel événement avait bien pu provoquer cette entorse à une vie plutôt banale de cadre supérieur guetté davantage par le surmenage que par les excès érotiques ?

On en revenait au mystérieux Paul, le fil à tirer le plus prometteur, mais hélas le moins consistant. Même en faisant le tour des lieux et milieux sadomaso de la capitale, il y avait peu de chances de retrouver sa trace dans un délai raisonnable, sauf miracle. Léa avait fourni à Boris les adresses des différents endroits où Paul l'avait emmenée, et ils en feraient la tournée, mais même Mémé, pourtant rodé au travail de fourmi et confiant dans son efficacité, ne se faisait pas d'illusions.

– Si j'ai bien compris, avait-il finement analysé en dévorant un sandwich jambon beurre, on compte sur nous pour obtenir des résultats avant la fin du week-end. Tu parles d'une gageure ! Notre meilleure chance, c'est que Paul appelle rapidement Léa Tulin pour savoir comment elle a apprécié son tour de passe-passe. Et que ladite Léa joue franc-jeu avec nous…

Il avait raison, et Boris en descendant le boulevard Saint-Michel y réfléchissait. Pour être franc, il pensait aux deux épisodes de son tête-à-tête avec Léa, à Passy puis chez elle. Il dut faire un effort pour se concentrer sur l'enquête. La cuisine de Léa, dans sa version la plus épicée, lui laissait dans la bouche un goût de revenez-y…

L'hôtel de la rue Bonaparte où Paul avait emmené Léa lors de leur première rencontre se trouvait à deux pas, mais Boris eut une autre idée. Il franchit la Seine et bifurqua vers la Bastille. S'arrêtant derrière l'Hôtel de Ville, il fit sur son portable le numéro de celui de Jo Maignard. Il était tard, mais il laisserait au moins un message.

L'ex-inspecteur répondit à la deuxième sonnerie.

– Boris Corentin, désolé de vous déranger à cette heure…

– Vous ne me dérangez pas, commandant. Qu'y a-t-il pour votre service ?

– J'aimerais qu'on se voie et qu'on parle. Je voudrais vous poser quelques questions supplémentaires… Est-ce que demain… ?

– Maintenant si vous voulez ! fit Maignard. Je suis dans un bistrot en bas de chez moi, et un peu de compagnie ne me déplairait pas.

À son ton, Boris devina qu'il était plus près de broyer du noir que de faire la fête. Maignard habitait rue Amelot, entre Bastille et République.

– Volontiers, accepta Boris. Je ne suis pas très loin.

Dix minutes plus tard, il entrait dans un bistrot animé et bruyant, à la clientèle plutôt branchée. Il était près d'une heure du matin, mais les environs du bar étaient bondés. Jo Maignard se trouvait dans une petite salle heureusement plus calme, assis seul devant un verre de vin rouge. En jean et pull à col roulé sous une veste en daim, avec la vilaine bosse qui décorait sa tempe, il avait l'air d'un boxeur qui aurait fait le combat de trop, catégorie vétérans. Il lorgnait un couple de jeunes qui flirtait à quelques tables de là, et accueillit Boris avec un sourire ravi.

– Pas moyen de dormir après une soirée pareille ! dit-il en préambule. Le brouilly est bon, ça vous dit ?

Boris acquiesça et Maignard se dirigea vers le bar, en familier des lieux, pour revenir une minute plus tard avec un pichet et un verre pour Boris. Il servit et leva le sien.

– J'ai perdu mon patron et mon boulot, faut bien fêter ça ! dit-il sombrement.

Le brouilly était bon, effectivement, et avant d'avoir fini son verre, Boris n'ignorait rien des affres qui empêchaient l'ex-inspecteur de trouver le sommeil. Le chagrin causé par la fin inopinée et dramatique de Laurent Versois y tenait peu de place. Maignard, en guise d'oraison funèbre, s'exclama :

– Un vrai trouduc, ce type ! Pour une fois qu'il se paye un extra, il est tombé sur un os ! C'est pas moi qui le regretterai, sauf que je me retrouve au chomdu… Et avec ma pension, pour continuer à vivre ici, faut que je retrouve du boulot.

– Vous avez joint sa femme ?

– J'ai pas osé. Elle est prévenue, non ?

– Robert s'en est chargé. C'est lui qui vous avait trouvé cette place ?

– Plus ou moins. Versois cherchait un chauffeur, PJR a pensé à moi.

–Pourquoi un chauffeur armé ? Versois se sentait menacé ?

Les coudes sur la table et ses larges épaules en avant, Maignard leva les yeux au ciel.

–Il se faisait un cinéma, parce qu'il s'était placé dans la politique. De la frime, comme tout le reste chez ce mec. Je risquais pas de m'en servir, de mon flingue… Enfin…

Le regard de Boris le fit se détourner.

–Jusqu'à aujourd'hui, admit-il piteusement.

Avant que la bile, davantage que le vin, ne lui obscurcisse trop le cerveau, Boris lui demanda :

–Un homme prénommé Paul, ça vous dit quelque chose ? L'âge de Versois, ou un peu plus vieux. Grand et mince. Le crâne rasé.

C'était, brièvement résumée, la description que Léa lui avait faite de son amant. Les autres détails ne regardaient pas Maignard.

–Paul ? répéta celui-ci en plissant le front.

Il hocha plusieurs fois la tête, vida son verre et finit par dire :

–Paul, oui… ça me rappelle quelque chose.

–Alors, tâchez d'être clair et précis et dites-moi quoi, l'encouragea Boris d'un ton ferme, en dissimulant son impatience par un sourire.

Maignard fit un effort pour rassembler ses souvenirs. Il clappa de la langue et son visage s'éclaira.

–Ça y est, j'ai retrouvé ! Versois a reçu un coup de fil sur son portable d'un Paul, un soir que je le conduisais à un meeting. C'était début février. Il a eu l'air surpris…

Surpris et ravi. Genre : « Sacré Paul, ça fait un bail, qu'est-ce que tu deviens ? » Vous voyez ? Mais on arrivait à destination et il a écourté, en promettant de rappeler, il me semble… Non, c'est le contraire, il a dit à Paul qu'il attendait son appel, s'il préférait. C'est ça.

– C'est tout ?

– Je crois bien que oui, répondit Maignard en haussant les épaules.

Boris songea à l'agenda et aux portables, dans le sac Hermès de Versois. Est-ce que Robert avait eu le temps de les éplucher ? Puis, comme l'ex-inspecteur demeurait silencieux, il eut l'idée de lui montrer la liste des adresses où Paul avait donné des rendez-vous à Léa. Une dizaine de lieux, pour la plupart à Paris ou en proche banlieue ouest, mais Léa s'était également rendue une fois dans un palace de la côte normande, et une fois en Sologne, vers Noël.

– Est-ce que ça vous évoque quelque chose, Jo ?

Maignard parcourut la liste, et s'esclaffa :

– Cette adresse-là, oui, une maison de rendez-vous chicos. Que du gratin ! Genre partouzes et jeux hard… Je croyais qu'elle était fermée, cette auberge !

Boris connaissait l'adresse, lui aussi, du côté de Meudon.

– On l'a fermée, elle a rouvert… Est-ce que vous y avez conduit Versois, par hasard ?

– Ça non ! Jamais de la vie… Je l'ai dit à votre collègue, le cul, c'était pas son truc, à ce type. Trop coincé, avec un côté catho hypocrite… Je l'aurais plutôt vu pédé refoulé, moi… Avec une femme comme la sienne, si c'est pas malheureux…

– Tant pis, dit Boris, peu désireux de se lancer dans une discussion sur le sujet. Donc, aucun rapport entre ses adresses et votre patron ?

Il allait reprendre la feuille quand Maignard pointa dessus un doigt boudiné et se mit à rire.

– Dans cette rue-là, il y a un magasin de lingerie, et ce n'est pas Versois qui s'y intéressait, mais sa petite femme… Je l'ai amenée là-bas, une fois, figurez-vous !

– Fabienne Versois ? Vraiment ?

C'était l'avant-dernière adresse notée par Léa, à la date du vendredi 23 février. La seule qui ne correspondait pas à une maison de rendez-vous, hôtel ou auberge. Une boutique dans le Xe, avec un atelier de création. La transformation du quartier avait fait fleurir ce genre d'entreprises, mais celle-là était particulière.

– Un drôle d'endroit très sympa, avait expliqué Léa. La patronne est styliste, elle a créé sa propre ligne, ça marche très bien aux États-Unis. Mais en plus, il y a des à-côtés… Elle organise dans son appartement des défilés de mode assez originaux, pour un public sélectionné. Torrides, je t'assure… J'ai apprécié !

Pressé de retourner au 36, il n'avait pas eu le temps tout à l'heure de lui en demander davantage.

Il y repensait en écoutant Maignard lui raconter comment il avait déposé Fabienne Versois devant un salon de thé du quai de Valmy, puis l'avait vue en fait entrer, un peu plus loin, dans le magasin de lingerie. La lueur que le souvenir allumait dans les yeux de l'ex-inspecteur laissait deviner qu'il en avait conçu des idées bien précises, et assez torrides elles aussi.

– Quand était-ce ? reprit Boris.

– Vers cette date-là. Peut-être bien ce jour-là, d'ailleurs, parce que je me rappelle que Versois était parti pour une réunion en province. Je l'avais conduit à Orly en début d'après-midi…

– Fabienne Versois s'est fait ramener par vous, après cette visite ?

– Non. J'avais quartier libre jusqu'au lendemain soir. Je suis retourné le samedi à Orly pour le chercher lui.

– Vous ne passez jamais la nuit chez eux ?

Les petits yeux vifs de Maignard se figèrent.

– Vous me demandez si j'ai couché avec Fabienne Versois ? Non, commandant. Désolé !

– Ce n'est pas son genre non plus ?

– Ça, je n'en jurerais pas, admit Maignard. Mais je n'ai pas eu l'occasion de le vérifier. C'est quoi, cette adresse du canal Saint-Martin ?

– Le Paul dont nous parlions s'y est rendu lui aussi, le même jour apparemment que Mme Versois.

Maignard avait du mal à raccorder les fils, mais tout à coup, l'histoire l'intéressait beaucoup plus. Depuis que Fabienne Versois avait pris le relais de son époux…

– Il joue quel rôle dans tout ça, ce Paul ? Vous le soupçonnez d'avoir buté Versois ? Vous faites fausse route, commandant, désolé. Le motard n'avait pas cinquante piges, j'en suis certain. Et il n'était pas grand. Mince, oui, souple et rapide…

Boris hocha la tête. À Mémé, en début de soirée, Maignard avait dit que le tueur lui avait fait penser à ces jeunes de banlieue, rapides et insaisissables, qui sont en certaines occasions le cauchemar des policiers. C'était cette image-là qu'il en avait gardée. Pour satisfaire au moins en partie sa curiosité, Boris expliqua :

–Paul a peut-être fait tuer Versois par quelqu'un. C'est possible. Ce qui est sûr, c'est que la femme qui était dans la chambre…

–Un vrai canon, cette brune ! Je suis content qu'elle s'en soit tirée !

–Cette femme, donc, c'était Paul qu'elle attendait, et pas du tout Versois.

Jo Maignard écarquilla les yeux.

–Ben merde alors ! s'écria-t-il. Ce trouduc lui avait piqué la place pour se la farcir !

Sous le coup de l'indignation, il vida son verre et ajouta :

–Quand je vous disais qu'il ne l'avait pas volé, l'enfant de salaud !

*

* *

Boris quitta Jo Maignard à deux heures du matin et rentra chez lui rue de Turbigo. Ce qu'il avait appris le laissait perplexe. Il trouva sur son répondeur un message seulement vieux d'une heure et reconnut la voix de Léa.

–Boris… Je viens de me caresser en pensant à vous… Je me suis fait jouir très intensément. Je retourne demain dans la fosse aux lions, impossible d'y échapper. Mais mon portable reste ouvert… Dormez bien.

Il lui avait donné plusieurs numéros, dont celui de son mobile, mais elle avait préféré appeler chez lui et parler à la machine, dans un langage d'ailleurs moins cru que celui qu'elle avait employé en sa présence. Et en revenant au « vous ». Étrange femme…

Il hésita à la rappeler, et finalement s'abstint. Il attendrait pour la questionner plus en détails sur la boutique de lingerie du quai de Valmy. La coïncidence de la visite le même jour de Fabienne Versois à cette adresse ne pouvait pas être fortuite. Il avait beau retourner les pièces du puzzle en tous sens, il n'arrivait pas à établir un schéma crédible des relations entre le couple Versois, Paul et Léa.

Il verrait les deux femmes. Est-ce qu'elles se connaissaient ?

Une idée germait dans son esprit, encore floue, impalpable. Au moment de s'endormir, il crut parvenir à la formuler, mais elle lui échappa.

« Je retourne dans la fosse aux lions »… Qu'est-ce que Léa Tulin voulait dire ?

L'idée flottait à la lisière de sa conscience.

Elle était désagréable.

CHAPITRE V

Par provocation, Léa Tulin avait choisi un tailleur qu'elle portait rarement au bureau. Une veste très cintrée sur une jupe étroite, fendue très haut sur le côté. Et au lieu de ses habituels chemisiers bon chic bon genre, un haut moulant modérément décolleté, mais porté à même la peau. Et puis des bas noirs, des hauts talons.

Dès son arrivée à l'agence, elle avait surpris le regard de biais d'un jeune concepteur-rédacteur stagiaire qui reluquait sa poitrine, entre les pans de sa veste, tandis qu'elle s'informait de l'avancement de plusieurs dossiers. Elle s'était retenue de fermer l'unique bouton.

À neuf heures et demie, après avoir fait le tour de la douzaine d'employés, épié leurs coups d'œil et leurs mimiques, cherché dans leurs propos la trace d'une allusion à son absence de la veille, elle regagna son bureau rassurée. Tout semblait normal. Mais elle n'avait pas encore croisé les lions…

Seule Caroline, son assistante, installée dans le bureau voisin du sien, était visiblement nerveuse. Léa l'avait ostensiblement ignorée, depuis son arrivée. Mais par la porte de communication ouverte, elle la voyait et l'entendait s'agiter, rabrouer un correspondant au téléphone, consulter sans arrêt sa montre. Léa se mit au travail comme si de rien n'était, conforme à son image de femme de tête sérieuse et performante.

Caroline, au bout d'un quart d'heure, n'y tint plus. Elle se leva et entra dans son bureau.

– Il faut que je te parle, Léa…

– Un problème ?

La blonde s'arrêta à distance quand Léa leva la tête et la fixa. Caroline se mordilla la lèvre, mal à l'aise.

– Eh bien, je t'écoute, Caro. Qu'est-ce qu'il y a ?

Caroline prit une profonde inspiration qui gonfla ses petits seins pointus sous sa chemise en jean. Elle dit d'une traite, comme si elle se jetait à l'eau :

– Qu'est-ce qui s'est passé hier, Léa ? Pourquoi tu as fait ça ?

Léa fit semblant de mettre du temps à comprendre. Elle toisa la jeune femme. Caroline avait toutes les qualités professionnelles requises, mais un énorme handicap, d'autant plus terrible qu'elle était incapable de le dissimuler : elle était sentimentale…

– J'ai fait quoi ? demanda Léa d'une voix doucereuse, en la regardant dans les yeux. Tu veux parler de la réunion d'hier soir ? J'ai eu une urgence d'ordre personnel. Je n'ai pas pu faire autrement. Impossible d'y échapper et impossible de prévenir… Que veux-tu savoir de plus ? Je t'en dis déjà beaucoup plus qu'à Bartley, qui devra se contenter d'un message d'excuses sur son répondeur. Quant aux autres, Sorbier, Mesmin, ils n'auront droit à rien !

À mesure qu'elle parlait, d'un ton tranquille, elle voyait Caroline pâlir sous son maquillage. Puis rosir en suivant le manège de la main de Léa jouant avec le collier d'ambre qui pendait sur sa gorge. Léa fit légèrement pivoter son fauteuil, pour croiser les jambes. Ses bas crissèrent et les pans de sa veste s'écartèrent. Elle reprit du même ton :

– Mes impératifs personnels, Caroline, ne regardent que moi, j'espère que tu peux le comprendre. Tu voudrais que je me justifie ? Exiger quoi, au juste ? Et de quel droit ?

C'était facile, songea Léa, en faisant rouler entre ses doigts un morceau d'ambre. Presque trop facile… Caroline baissait la tête, mais ne pouvait s'empêcher de lorgncr scs scins. Mine de rien, Léa en effleura la pointe.

– Si tu n'as rien à répondre, ma petite… La réunion avec les gens de « Monde à soi » est à dix heures et demie, n'est-ce pas ? J'ai encore à faire… Tout est prêt dans la salle de projection ?

Caroline répondit que oui. Elle avait du mal à se ressaisir, fascinée par les tétons qui pointaient en relief sous le Lycra. Le fauteuil pivota dans l'autre sens, dissimulant les jambes galbées, la cuisse découverte très haut par la fente de la jupe. Léa reporta son attention sur le dossier ouvert devant elle. De longues secondes passèrent avant qu'elle ne rompe le silence. Caroline n'avait pas bougé. Elle se dandinait d'un pied sur l'autre, incapable d'aborder le vrai sujet : ses coups de fil de la soirée restés sans réponse.

–Comment s'est passée la réunion, hier ? questionna Léa.

–Bartley l'a écourtée, mais il a emporté les documents.

–Il était furieux ?

–Plutôt, oui.

Léa referma le dossier après avoir signé le détail d'un budget prévisionnel. Ariane avait fait du bon travail, comme d'habitude.

–Ariane devait être ravie que Charles soit en rogne après moi, non ?

–Je… Je ne sais pas.

–Elle n'a pas essayé de te faire parler ? Elle s'imagine que je n'ai pas de secrets pour toi, tu sais bien…

–Elle m'a posé des questions, oui. Ils m'ont tous demandé où tu étais passée.

–Et tu leur as répondu que tu n'en savais rien ! C'est plus facile que de mentir, non ? Alors ne te plains pas !… C'est ton téléphone qui sonne, il me semble !

Caroline battit en retraite. Léa s'attarda au balancement de son petit cul, haut perché au sommet de ses longues jambes. Le jean étroit était tellement ajusté que la toile dessinait avec une précision anatomique la raie des fesses et les rondeurs jumelles. C'était évidemment la croix et la bannière pour le retirer, en cas d'urgence, mais Caroline s'entêtait à s'habiller comme ça, accentuant son côté androgyne. Elle reprit sa place et répondit, dans un anglais moins fluide qu'à l'ordinaire. Elle se tourna vers Léa qui d'un signe lui indiqua de ne pas lui passer la communication…

Quand son portable sonna cinq minutes plus tard, Léa sursauta. Perdue dans ses pensées, elle fixait sans la voir la page qu'affichait l'écran de son ordinateur. Elle songea à Paul, à Boris, en saisissant l'appareil posé près d'elle. Un autre prénom se lisait sur l'écran : Clotilde. Elle prit l'appel en cherchant dans sa mémoire qui cela pouvait être. Dès qu'elle entendit prononcer son prénom, elle se souvint…

– Léa ? dit une voix basse et lente. C'est Clotilde. Vous vous rappelez, j'espère ?…

Léa répondit «oui» dans un souffle.

– J'en suis très heureuse, reprit sa correspondante avec un petit rire rauque. Nous sommes vendredi, j'organise ce soir une petite présentation entre amis. Votre présence m'enchanterait. Vous me feriez ce plaisir ?

– Euh… pourquoi pas ?

– Avec votre ami ?

Malgré ses efforts pour la contrôler, la voix de Léa dérapa :

– C'est que… je ne sais comment le joindre.

– Oh, je vois. Essayez tout de même de l'avertir, je ferai de même de mon côté. Et si nous n'y parvenons pas, tant pis pour lui, vous viendrez seule.

Léa ne sut que dire. Clotilde insista, la voix douce comme une caresse :

– Léa ? Je peux compter sur vous ?

– Oui, entendu… Je viendrai.

– Bravo ! Je vous attends vers vingt heures… (Elle ajouta avec le même rire voilé :) Mais si vous êtes en avance, nous ferons des essayages. N'hésitez pas. Je vous ferai découvrir de nouveaux modèles… Vous connaissez l'adresse, n'est-ce pas ?

– Je m'en souviens.

– À ce soir, Léa.

Quand celle-ci reposa son portable, sa paume était moite. Que cette invitation de Clotilde, qui l'appelait pour la première fois depuis qu'elles s'étaient rencontrées un mois et demi plus tôt, survienne précisément ce jour-là lui parut un hasard étrange.

La voix de Caroline la tira de sa rêverie.

– Loïc est arrivé, il nous attend dans la salle de projection pour vérifier les derniers détails… Léa ?

– J'ai entendu ! Il n'est que dix heures cinq. Dis-lui que j'arrive, le temps de terminer un courrier.

Caroline reprit la ligne interne pour prévenir Loïc Sorbier. Puis elle se leva, un épais dossier sous le bras, et passa dans le bureau de Léa. Elle s'avança cette fois jusqu'à sa table de travail. Léa jouait d'un air absent avec les boules d'ambre de son collier. Sa respiration était oppressée.

– Ça ne va pas ? demanda Caroline d'une voix inquiète.

– Pose ce dossier et va fermer la porte.

La blonde s'empourpra mais obéit sans mot dire. Quand elle revint, Léa fit reculer son fauteuil d'une poussée du talon. D'un signe de l'index, elle fit signe à la jeune femme de s'approcher. Caroline ouvrit la bouche, mais elle la devança :

– Tais-toi, on n'a pas le temps ! Je sais ce que tu vas me dire, de toute façon !

Elle allongea le bras, saisit Caroline par la ceinture de son jean et l'attira entre ses genoux. La couture sous la fermeture Éclair épousait le sillon du sexe avec une telle précision qu'elle séparait les renflements de la vulve comme les moitiés d'un fruit. Et à vue d'œil, malgré l'air androgyne qu'elle se donnait, Caroline avait une motte très renflée. Une vulve charnue et juteuse qu'un duvet blond ne protégeait guère. Léa en connaissait les moindres replis. Elle se contenta de presser la paume dessus, avec assez de force pour sentir à travers le tissu la tiédeur des chairs. La blonde se tortilla sur sa main, écartant les jambes. Ses pommettes étaient roses d'excitation, sa jolie bouche entrouverte luisait.

– Ta langue… je veux ta langue, murmura Léa.

Elle obligea Caroline à se baisser, en même temps qu'elle retroussait vivement sa jupe. Tombant à genoux, Caroline se replia avec souplesse, adoptant spontanément la position qu'affectionnait Léa : le dos creusé, la croupe relevée. Et comme sa chemise glissait hors du jean, la peau dorée de ses reins apparut. Léa lui prit les poignets et lui fit agripper les accoudoirs du fauteuil, l'empêchant de la toucher.

– Seulement ta bouche, petite salope !

Docile, celle-ci courba la nuque. Léa s'avança au bord du siège et d'une main écarta son string. Elle passa l'autre dans les courts cheveux blonds et plaqua le visage de Caroline contre son bas-ventre. Elle appuya pour lui interdire toute reculade. Le nez, la bouche, le menton pressaient les chairs, les froissaient. Caroline en dodelinant de la tête frayait le passage à sa langue, le souffle chaud et précipité comme celui d'un animal avide. D'un coup de reins, Léa s'offrit plus commodément, sentit aussitôt la bouche se coller à sa fente, laper sa mouille et baver sur son clitoris.

Caroline était gourmande, savait d'instinct quel tempo adopter, et se débrouillait pour ne pas suffoquer. D'autres fois, elle avait tenu très longtemps ainsi, procurant à Léa des orgasmes en cascade, à la faire s'évanouir. Mais le temps leur était compté, et la tension de Léa était déjà à son comble. La langue qui virevoltait autour de son clito la fit se raidir dans le fauteuil. Les lèvres l'aspiraient, si fort qu'elle gémit. Avant de sentir les dents de Caroline, elle eut un spasme, puis la sensation d'être mâchée, mordillée, dévorée déclencha sa jouissance. Elle se mordit la main pour ne pas hurler.

Aussi affolante que la bouche de Caroline, une image avait décuplé son orgasme : elle-même se présentant dans le salon privé de Clotilde, au-dessus de la boutique de lingerie du quai de Valmy. Paradant sous les yeux de deux hommes dont les visages se superposaient : Paul et Boris.

*

* *

À 10 h 35 exactement, les lumières s'éteignirent dans la petite salle aux stores baissés et le rétroprojecteur se mit en marche. Sur l'écran, le projet de campagne de l'agence Bartley, décliné en trois versions, commença à se dérouler.

Léa avait accueilli elle-même les trois dirigeants de Monde à soi, une société de jeux vidéo qui cherchait, parmi trois ou quatre agences de publicité créatives, la plus capable de concevoir la campagne de lancement la plus efficace pour un nouveau produit à destination des jeunes. Léa avait aussi brièvement inauguré la réunion, opposant un visage lisse et énergique aux sourires des uns, aux mines fermées des autres.

Elle avait juste eu le temps de faire un crochet par les toilettes avant l'arrivée des visiteurs, en compagnie de Caroline. Cette dernière avait encore les pommettes brillantes. Les regards en coin que lui lançait Ariane auraient dû la faire rentrer sous terre, mais elle les ignorait. Avec sa minijupe en cuir et ses bottines à lacets, sa veste Dior portée sur un haut rose qui mettait en valeur sa volumineuse poitrine et laissait voir son nombril, Ariane Sudre était assez détonnante. Elle s'était d'emblée assise entre le P.-D.G. de Monde à soi et son adjoint, les cuisses croisées haut. Quant à Sorbier, le directeur artistique qui avait élaboré le projet, il avait choisi pour l'occasion des lunettes à monture mauve, assorties à un costume Kenzo qui le faisait paraître encore plus étriqué qu'au naturel. Et s'il avait forcé sur la poudre, cela ne s'était pas ressenti dans son élocution, lors de sa présentation.

De toute façon, comme d'habitude, les dirigeants de Monde à soi se fichaient pas mal des discours, des tenues vestimentaires et des mœurs. À ce stade, seul leur importait de déterminer si l'argent qu'ils avaient à investir dans une campagne de pub serait bien utilisé par Bartley Advertising.

Léa ne se fiait qu'au visuel qui était projeté, pour emporter la mise. Mais comme elle le connaissait par cœur, elle était surtout attentive aux réactions du trio de visiteurs. Le P.-D.G., sur sa gauche, était impassible, figé comme une statue. Son adjoint, de l'autre côté d'Ariane, n'avait pas davantage trahi ses sentiments. Le responsable du développement, à droite de Léa, faisait presque figure d'agité, par comparaison. Elle avait du coin de l'œil surpris un ou deux sourires, capté un hochement de tête, et à présent elle le sentait plus détendu sur son siège, au point de croiser les jambes, une main posée sur son genou. On pouvait toujours se méprendre sur la signification de ces signes, mais Léa, par expérience, devinait que l'homme était favorablement impressionné.

Puis la main glissa du genou pour pendre dans le vide, frôlant sa jupe. Léa ne réagit pas. Un frôlement un peu plus marqué l'alerta : ce n'était pas pure inadvertance. Elle retint son souffle, brusquement au supplice quand la pression d'un doigt fit bâiller la fente de sa jupe. Ce fut tout, l'homme replaça sa main sur son genou.

Le ventre noué, contrôlant sa respiration pour ne pas la faire entendre dans le silence, Léa resta figée. Des images se bousculaient dans sa tête, impossibles à maîtriser. Elle finit par bouger sur son siège, imperceptiblement. Juste assez pour que le tissu glisse un peu plus et dévoile le haut de sa cuisse, la peau nue au-dessus de l'attache du bas.

L'homme ne dévia pas le regard de l'écran. Mais sa main se raidit, ses doigts longs s'étirèrent sur son genou. Il avait enregistré.

Léa n'avait guère prêté attention à son visage ni à sa silhouette. Elle avait juste noté qu'il était plus jeune et plus décontracté que les deux autres. Mais tandis qu'elle continuait d'épier la main immobile, un frisson brûlant la parcourut.

Elle se dit qu'elle perdait les pédales.

*

* *

– J'ai réfléchi, dit Brichot d'un ton grave alors que Boris, au volant d'une 307 du service, virait dans la rue de Rivoli.

Il était 11 heures, un soleil printanier aussi riche de promesses qu'un programme électoral s'était faufilé entre les nuages, et Fabienne Versois, jointe une demi-heure auparavant au téléphone, les attendait chez elle, dans le XVIIe arrondissement.

– Tu as décidé pour qui voter, Mémé ?

– Oh, ça !… J'ai beau me dire que c'est stupide, je crois que je ne choisirai qu'au dernier moment…

– Comme un Français sur quatre, si on se fie aux sondages du jour ! À pile ou face dans l'isoloir !

Brichot jeta un regard à sa flèche et haussa les épaules, gêné qu'un sujet aussi sérieux prête le flanc à la plaisanterie.

– J'ai réfléchi à notre tueur de Passy, reprit-il.

–Là, je t'écoute avec attention. Moi aussi, il me tracasse, celui-là.

–On est partis sur l'idée d'un tueur à gages, ou en tout cas d'un professionnel, commença Brichot en lissant sa fine moustache. Rien d'improvisé, une seule balle, un silencieux, ce n'est pas le premier jaloux ou voleur venu, apparemment.

–On est bien d'accord. On enverra la balle au labo pour une expertise balistique, dès que Flutiaux l'aura extraite.

–Une seule balle tirée de près, sans doute à quelques mètres, reprit Brichot. Pas à bout portant… Ça me chiffonne…

Ils étaient arrêtés à un feu rouge aux abords de la Concorde. Boris hocha la tête.

–À bout portant, il aurait très bien pu faire coup double. Compte tenu de la position du couple… Si la balle était ressortie, on aurait deux cadavres. Ç'aurait été vraiment dommage…

Il pensa à Léa Tulin, qu'il n'avait pas encore rappelée.

–Cette tendance au cynisme !… soupira Brichot.

–Excuse-moi, ça doit être lié à la période actuelle. Tendance conjoncturelle !

Son équipier ne se laissa pas dévier de son raisonnement. Il poursuivit après un silence :

–J'ai précisément fait décrire à Maignard la position, justement…

–Celle d'un couple qui fait l'amour. Au pied du lit plutôt que sur le lit…

– Ouais... la femme attachée et masquée, face à la porte.

Il eut une moue désapprobatrice, mais garda pour lui ses commentaires. Le profil concentré, Boris redémarra.

– Ce n'était peut-être pas comme ça qu'il s'attendait à les trouver, remarqua-t-il. Pourtant, il a tiré sans tergiverser. Une seule fois. Sûr de son talent. Pour un pro...

– Même pour un pro, c'est gonflé !

– C'est vrai. Un contrat suppose d'exécuter le travail sans risque d'erreur ou d'échec. On n'est pas à une balle près. Il aurait pu s'approcher, vérifier que sa victime était bien morte. Doubler la mise en cas de doute... Mais s'il avait repéré Maignard dans la voiture, il devait s'imposer de faire vite...

– Maignard prétend que personne ne les avait suivis. Il s'en serait rendu compte. Réflexe de flic... Il peut quand même se tromper.

– Accessoirement, c'est encore une hypothèse envisageable. Dans ce cas, il savait bien qui il allait tuer... Versois, et non Paul. Qu'est-ce que tu déduis de cet embrouillamini, Mémé ?

– Qu'on n'est sûrs de rien.

– Ça, pour une conclusion, c'en est une ! Si le cynisme qui règne dans la police devient insupportable, tu pourras te reconvertir dans les sondages d'opinion !

Brichot prit l'air vexé, jusqu'à ce que Boris le rassure d'un sourire.

– Je plaisantais, Mémé. On est quand même sûrs d'avoir un cadavre.

– Justement ! Je voulais dire qu'on ne doit pas écarter

l'hypothèse que ce n'est pas le bon.

– C'est exact, on n'oublie pas que Paul aurait dû, ou pu, être à la place de Versois. Et même…

La petite idée qui l'avait effleuré au moment de s'endormir revint en force à l'esprit de Boris, alors qu'ils dépassaient La Madeleine. Mais Brichot le devança en la formulant à sa manière :

– Et la femme ? lança-t-il. J'y ai pensé au réveil, ce matin. C'est pas parce qu'elle est vivante, Dieu soit loué, que ce n'était pas elle qui était visée. Si c'était elle, la cible ?

Ils échangèrent un regard. Ils étaient sur la même longueur d'ondes.

– Tu as raison, Mémé, ça me trottait dans la tête à moi aussi. C'est peut-être Léa Tulin qu'on voulait tuer. Et ça ne simplifie pas le travail. Mais dans ce cas, le profil de notre tueur doit être révisé… S'il s'est trompé de cible et n'a pas rectifié son erreur…

– Rectifié Léa, tu veux dire…

– Tu as de ces mots !

– Il s'est affolé, a pris la fuite, continua Brichot sans relever l'ironie.

– Pas très pro, hein ?

Ils longeaient le parc Monceau. Une place de stationnement se libéra, dont Boris profita aussitôt. Les Versois habitaient à deux pas, rue de Prony. Brichot attendit la fin de la manœuvre pour reprendre :

– Dans un cas comme dans l'autre, on aurait affaire à un tueur qui voudrait se faire passer pour un pro. Et nous égarer sur la piste d'un règlement de comptes, d'un contrat... C'était ça, ma conclusion !

Boris coupa le contact et se tourna vers son équipier.

– Bravo, Mémé ! Je suis entièrement de ton avis. Mais tu crois qu'on n'est pas déjà assez égarés comme ça ?

CHAPITRE VI

Compte tenu du luxe de l'immeuble, Boris n'aurait pas été surpris qu'une soubrette vînt leur ouvrir, mais Fabienne Versois en personne les accueillit, vêtue d'une robe noire toute simple mais d'une élégance qui mettait en valeur sa silhouette agréablement proportionnée.

– Je vous en prie, messieurs, dit-elle quand ils se furent présentés, en les faisant entrer dans un immense salon garni d'un mobilier de style.

L'authentique Louis XV, décliné en abondance et sous toutes ses formes, encombrait la pièce au point de la faire paraître exiguë. Leur hôtesse leur épargna de la traverser en leur montrant des sièges dans l'angle proche de la porte.

– Asseyez-vous, je vous prie. Les circonstances me sont très pénibles, comme vous vous en doutez…

Elle s'efforça de sourire. Un discret maquillage ne parvenait pas à cacher la pâleur de ses traits tirés.

– Nous sommes désolés de ce qui est arrivé à votre mari, dit Boris, en s'asseyant sur une des deux bergères.

– Nous vous présentons nos condoléances, madame,

compléta Brichot en posant le bout des fesses sur l'autre.

Fabienne Versois prit place en face d'eux sur un petit canapé recouvert du même tissu que les fauteuils, et tira l'ourlet de sa robe sur ses genoux joints.

– Merci. Malgré tout, reprit-elle d'une voix douce, je me dois de faire face… Et je suis prête à vous apporter toute l'aide possible…

Elle prit sa respiration et les fixa tour à tour, ses grands yeux verts s'attardant sur Boris un peu plus qu'il n'était convenable.

– Ce qui est arrivé à Laurent est tellement affreux…, poursuivit-elle.

D'un geste de coquetterie, elle fit glisser sur son épaule ses longs cheveux d'un blond éclatant. Ils encadraient un visage étroit et fin, à la bouche délicatement dessinée. Fabienne Versois ne manquait pas de charme. Une porcelaine de classe dans un décor trop riche…

Boris avait reconnu, sur un portrait accroché dans le vestibule, son père Edmond Blanchard, qui avait eu son heure de gloire dans les années 1960, à la tête d'une société industrielle de premier plan. Longtemps conseiller général, il avait fini sa carrière au Sénat. Une famille très honorablement connue, comme l'avait spécifié PJ Robert. Fabienne, la fille cadette, faisait une jolie veuve… Boris avait un peu de mal à situer Laurent Versois, publicitaire converti au marketing politique, dans ce tableau très « vieille France »…

Il était en revanche facile de deviner que la pochette en cuir fauve qu'il voyait posée sur un guéridon à portée de main de Fabienne Versois, la griffe Hermès bien visible, était celle que le préfet Robert avait emportée la veille à la Résidence Victoria.

L'impression que tout était préparé avec soin à leur intention le décida à entrer abruptement dans le vif du sujet.

– Vous étiez au courant du rendez-vous de votre mari hier après-midi rue Charles-Dickens, madame ? Un rendez-vous avec une femme…

Fabienne Versois cilla comme s'il avait proféré une grossièreté.

– Évidemment non, commandant, répondit-elle en pinçant les lèvres.

– Mais vous connaissez les circonstances de sa mort, j'imagine…

Une rougeur monta aux joues de Fabienne Versois, mais elle se contrôla.

– Vous voulez dire une sorte de… mise en scène ? D'un genre qui plaît à certains hommes ?

– Et à certaines femmes également, remarqua Boris avec un sourire.

Fabienne Versois détourna le visage. Ses bas gris crissèrent quand elle se redressa sur le canapé, le buste droit, une main rajustant nerveusement sa robe pour couvrir ses genoux.

– Vous ne classiez pas votre mari parmi ces hommes qui ont le goût des pratiques sadomasochistes ? insista Boris sans cesser de la fixer en souriant.

Cette fois, Fabienne Versois se raidit et sa voix s'étrangla.

– Non, commandant, je… je ne savais pas qu'il avait un penchant pour… Mais ces détails…

Elle se racla la gorge, battit des paupières, les yeux humides. Brichot vint à son secours. Boris n'avait pas besoin de le regarder pour vérifier qu'il était gêné par le manque de tact de sa flèche.

– Votre mari a probablement été victime d'un quiproquo, madame Versois. Un dramatique malentendu…

Elle se ressaisit aussitôt.

– Que voulez-vous dire, capitaine ?

– Peut-être l'a-t-on pris pour un autre.

– Je ne comprends pas !

– La femme qui se trouvait en compagnie de votre mari avait en réalité rendez-vous avec un autre homme, expliqua patiemment Mémé.

Fabienne Versois hocha la tête, mais ne posa pas de question sur les circonstances qui avaient rendu possible une telle méprise. Boris en déduisit qu'elle n'ignorait rien des détails de la mise en scène sadomaso. Robert ne les lui avait pas épargnés, à moins que Maignard, ce matin, lui ait tout raconté. Ce qui n'empêchait pas Fabienne Versois de leur jouer le numéro de la veuve éplorée. Avec un certain talent, d'ailleurs…

Boris rompit le silence :

– Cet homme s'appelle Paul… Cela vous dit quelque chose, madame Versois ?

Elle hésita, visiblement décontenancée par le tour de leurs questions. Son regard dévia vers la pochette. Sans doute avait-elle imaginé qu'elle en serait quitte en la leur remettant.

– Paul ? répéta-t-elle. Paul Journand ?

– Un ami de votre mari ? questionna Boris en accrochant son regard.

– Paul ? Un ancien ami, oui… mais je ne vois pas… Cela remonte à des années, cette histoire.

Elle ne jouait plus la comédie, elle paraissait stupéfaite.

– Il s'est en… il est parti aux États-Unis il y a longtemps !

– Vous alliez dire « il s'est enfui » ?

Fabienne Versois fixa Brichot et ne démentit pas. Elle recula sur son siège et ne songea pas à dissimuler ses genoux.

– Avant d'aller plus loin, madame…, intervint Boris, ce Paul Journand…

– C'est le seul Paul que je connaisse !

– Il est un peu plus âgé que votre mari ? Grand et mince, athlétique et le crâne rasé ?

Elle hocha la tête et précisa :

– Il faisait beaucoup de sport, un fana d'alpinisme…

– C'est cela qui l'a rapproché de votre époux ? demanda Mémé.

– Oh non ! Laurent n'avait rien d'un sportif ! C'est le travail qui les a réunis. L'agence…

– Quel est le métier de Paul Journand ?

– Mais… la publicité, commandant. C'est Paul qui a amené mon mari dans ce métier, à sa sortie d'HEC. Ils ont été associés pendant plus de dix ans… avant que les choses ne tournent mal entre eux…

Boris et Mémé échangèrent un coup d'œil.

– Si vous nous racontiez tout cela par le menu, madame Versois, reprit Boris en l'encourageant d'un sourire.

Soulagée que la conversation quitte le terrain scabreux où il l'avait d'abord entraînée, Fabienne Versois ne se fit pas prier. Si on lui avait prodigué des conseils, voire donné des consignes, cela ne concernait manifestement pas le sujet du parcours professionnel de son mari. Elle compléta de bonne grâce la trop succincte biographie que Brichot avait pu établir le matin même sur la victime.

Paul Journand avait fondé sa propre agence de pub adans les années 1980, après avoir débuté chez Publicis. Écrin – Journand l'avait baptisée ainsi en référence au massif alpin qui avait été son premier succès d'alpiniste chevronné – commençait à se faire une place dans ce secteur quand Laurent Versois, récent diplômé d'HEC et depuis peu époux de Fabienne Blanchard, avait rencontré Paul.

– Ça a tout de suite très bien marché entre eux, malgré leurs différences, précisa Fabienne d'une voix songeuse. Paul cherchait des capitaux…

– Votre mari les lui a fournis ?

– Mon père, c'est mon père qui les lui a prêtés, fit-elle avec une moue.

Devenus associés grâce au soutien financier d'Edmond Blanchard, Paul et Laurent avaient développé la boîte.

– Associés à égalité, précisa-t-elle.

– C'est de là que sont venus les problèmes ? suggéra Brichot, fine mouche.

– Tant que les affaires ont bien marché, il n'y a pas eu de problèmes ! Paul travaillait beaucoup aux États-Unis, Laurent s'occupait davantage de l'Europe… Puis il y a eu une crise dans le secteur, des investissements hasardeux, et vers 1995, les choses se sont gâtées. Laurent avait rencontré des gens qui lui faisaient miroiter d'aútres perspectives, dans la politique, les médias. Alors quand Paul lui a réclamé des fonds pour s'associer à un cabinet américain…

– Les a réclamés à votre père, vous voulez dire ?

Elle acquiesça.

– Il a refusé. Il avait de la sympathie pour Paul, mais pas assez confiance en lui sur le plan financier. Nos rapports avec Paul se sont envenimés.

– Quels rapports aviez-vous avec lui ? glissa Boris.

Le regard de Fabienne se troubla un instant, mais elle assura :

– Amicaux… Il était le parrain de notre fils. Mais à partir du moment où la question d'argent est devenue cruciale, nous nous sommes vus de moins en moins. Laurent voulait créer sa propre agence de communication, il a demandé à Paul de lui rembourser les fonds que nous lui avions prêtés…

Fabienne Versois était plus à l'aise sur ce terrain que sur celui des relations personnelles. Elle leur expliqua que Paul, après la dissolution forcée d'Écrin, avait tout fait pour échapper au paiement de ses dettes, quittant définitivement la France pour s'installer à New York.

– C'était en 1999 et il a disparu ! conclut-elle amèrement. Envolé, comme les trois cent mille euros qu'il nous devait ! Mon père se sentait trop vieux pour se battre afin de les récupérer, même si, devant un tribunal, il aurait eu gain de cause. Il était devenu fataliste…

– Et votre mari ? relança Brichot après un silence, il n'a pas essayé, lui ?

Fabienne Versois haussa les épaules. Elle dit d'une traite, comme pour clore le sujet :

– Il a fait une croix sur le passé, ses nouvelles activités l'accaparaient, et il y réussissait très bien…

Boris jeta un regard autour de lui. Edmond Blanchard était décédé en 2003, et nul doute que les trois cent mille euros jamais remboursés par Paul Journand aux Versois n'étaient pas une plaie mortelle, selon l'adage. Restaient les plaies personnelles.

– Vous n'avez pas eu connaissance du retour récent en France de Paul, madame ? reprit-il.

Il la vit de nouveau se raidir, et tirer sur sa robe. Un vrai tic, qui la trahissait davantage que toute autre expression. Elle répondit en soutenant son regard :

– Non, commandant. Absolument pas.

– Il semblerait pourtant que Paul se soit manifesté auprès de votre mari, il y a environ deux mois. Au grand plaisir, apparemment, de votre époux…

– Je ne le savais pas, affirma-t-elle.

Elle faillit ajouter quelque chose mais se retint. Boris avait deviné l'interrogation muette : de qui tenait-il cela ? Il se garda de le lui dire, et poursuivit :

– Laurent ne vous l'aurait pas dit, si Paul et lui s'étaient revus, et avaient renoué des relations disons… apaisées ? Peut-être même amicales ? Paul lui a téléphoné sur son portable, au moins une fois, début février.

Elle allait finir par déchirer l'ourlet de sa robe, à force de le triturer. Les yeux à nouveau embués, elle avoua dans un souffle :

– Pas forcément, commandant… Excusez-moi, tout ceci est trop pénible, et je suis fatiguée… Je comptais… je voulais vous remettre ceci, qui contient les portables de Laurent, justement…

Elle prit la sacoche Hermès, la lui tendit. Qu'ils la prennent et s'en aillent, c'était visiblement tout ce qu'elle souhaitait.

– Merci, madame, c'est très aimable à vous, dit Boris sans faire mine de se lever.

Il ouvrit la sacoche, en inventoria rapidement le contenu.

– Regarde, Mémé, dit-il à voix basse en la donnant à son équipier.

Puis il se leva. Fabienne Versois l'imita, sans dissimuler son soulagement. La suite la prit au dépourvu.

– J'aimerais jeter un coup d'œil aux papiers personnels de votre mari, madame, si vous permettez…

Un instant, Boris crut qu'elle allait refuser, les prier, plus ou moins poliment, de ficher le camp. La crispation de sa bouche n'annonçait pas un excès de politesse. Mais il devança sa réponse.

– Votre mari avait un appareil photo qui devrait se trouver dans cette pochette. Il n'y est pas. Vous avez une idée de ce qu'il est devenu ?

– Vraiment, je ne sais pas, balbutia-t-elle.

Brichot avait extrait un gros agenda de la sacoche. Il

montra les deux portables et confirma :

– Pas d'appareil photo. Pourtant…

Pourtant, Maignard avait été formel sur ce point…

– Un petit appareil numérique qu'il emportait partout, insista Boris.

– Il en avait un, c'est exact, admit Fabienne.

– Peut-être l'a-t-il laissé ici, après tout. Nous pourrions vérifier, ensemble ?

Fabienne Versois comprit qu'elle n'en avait pas terminé et ne trouva rien à objecter. Elle capitula :

– Suivez-moi, je vais vous montrer son bureau…

– Merci, madame Versois, j'apprécie beaucoup votre coopération, dit Boris en la fixant.

Elle se détourna trop vivement, heurtant l'angle d'une table surchargée de bibelots. Il lui emboîta le pas, échangeant un coup d'œil avec Brichot. Ce dernier feuilletait l'agenda de Laurent Versois. Il ne proposa pas de les suivre. Fabienne ne parut même pas s'en rendre compte.

Le bureau de son mari était relégué au bout d'un long couloir, et il ne s'agissait pas seulement d'un bureau. Par une porte entrouverte, Boris aperçut une chambre attenante. Le contraste avec le reste de l'appartement était saisissant : de la moquette au sol, un papier peint de couleur, peu de meubles, modernes et fonctionnels.

– C'était la chambre de notre fils, expliqua Fabienne Versois en suivant le regard de Boris. Et son bureau…

– Et ceux de votre mari, à présent ?

Elle baissa les yeux et rougit. D'un coup d'œil dans l'autre pièce, Boris vérifia qu'il ne se trompait pas.

–Nous sommes… nous étions mariés depuis vingt-cinq ans, dit Fabienne d'une petite voix, en s'adossant à la porte refermée. Mais depuis plusieurs années maintenant…

–Paul a été pour quelque chose dans la détérioration de vos rapports ? demanda Boris avec douceur, espérant l'amener sur le terrain des confidences.

Elle releva la tête et réagit avec une véhémence inattendue.

–Je vous trouve indiscret, commandant, et j'en ai assez de toutes vos questions…

–Désolé, madame Versois, mais je mène une enquête et il s'agit de l'assassinat de votre mari. Je veux trouver le coupable, moi…

Pour bien se faire comprendre, il ajouta :

–Pas seulement vous éviter une publicité fâcheuse.

Boris se demanda si elle allait fondre en larmes, ou bien lui jeter à la tête le premier objet qui lui tomberait sous la main. Au lieu de quoi, Fabienne vint presque contre lui et lui demanda, les yeux plantés dans les siens :

–Vous le ferez ? Vraiment ?

Son corps mince le frôlait, sa poitrine se soulevait rapidement.

–Je peux vous croire ? insista-t-elle.

Elle lui saisit le bras et il sentit ses ongles, à travers le tissu de son blouson.

–Je vous demande de me croire, oui, répondit-il. Et de m'aider…

Elle hocha la tête et grimaça un sourire. Un instant,

elle se laissa aller contre lui, le bassin en avant, ses petits seins ronds pressés contre son torse. Elle s'écarta aussitôt et dit d'un ton plus ferme:

– Cet appareil photo, je sais où Laurent le rangeait.

Elle se dirigea vers une armoire. Boris l'observa tandis qu'elle fouillait nerveusement parmi tout un matériel. Laurent Versois possédait plusieurs appareils, d'anciens reflex et un gros Nikon numérique. Mais lorsque Fabienne se retourna, il devina qu'elle n'avait pas trouvé ce qu'elle cherchait.

– Le petit Canon n'est pas là, dit-elle. C'est vrai qu'il l'avait toujours sur lui. Il faisait beaucoup de photos. Qu'est-ce que ça signifie ?

– Que le meurtrier l'a emporté, probablement. Mais j'ignore pour quelle raison.

Boris montra l'ordinateur placé sur un grand bureau au-dessus duquel des étagères métalliques supportaient quantité de dossiers.

– Vous me permettez ?

Fabienne Versois acquiesça.

Elle resta derrière lui tandis qu'il s'asseyait, allumait l'ordinateur et commençait à en examiner le contenu. Derrière lui mais de plus en plus proche, au point qu'il percevait son parfum, l'odeur de ses cheveux.

– Qu'est-ce que vous cherchez au juste ? demanda-t-elle.

– Je ne sais pas. Des nouvelles de Paul Journand, peut-être.

Fabienne Versois ne connaissait pas le mot de passe pour accéder à la messagerie de son mari.

–Je ne me mêle jamais de ses affaires, assura-t-elle d'une voix tendue.

Après quelques minutes d'incursions tâtonnantes parmi des dossiers administratifs et professionnels, Boris cliqua sur l'icône d'un appareil photo. Fabienne Versois se pencha, sa joue frôlant la sienne à mesure qu'il parcourait les différents albums. Les sujets en étaient variés. L'un d'eux ne portait pas de nom. Boris l'ouvrit et fronça les sourcils. Il cliqua sur « Diaporama ». La main de Fabienne se crispa sur son épaule.

Le rouleau comportait une douzaine de photos. Une seule femme était le sujet unique des dix premières. Une belle brune aux cheveux ondulés et aux seins magnifiques, dont les bouts, sous l'effet des petites pinces argentées qui mordaient l'aréole, atteignaient un volume incroyable : raides, épais comme des gousses de vanille, et presque de la même teinte ébène. Suspendue par les poignets à une barre en cuivre, dans le décor d'une chambre cossue – tentures, fauteuils club, grand lit cerné de miroirs –, la femme était masquée, bâillonnée sur certains clichés par une poire en caoutchouc. Outre ses seins et son visage, le photographe avait cadré en gros plan son ventre, sa toison brune et drue fendue par l'entaille du sexe. Un fruit gonflé, mûr et juteux, écarquillé sous l'œil de l'objectif qui semblait fouiller les chairs. Sur deux photos, étaient fixées aux lèvres intimes des pinces crocodile pareilles à celles qui étaient accrochées aux seins…

Le diaporama se termina par deux clichés de groupe, dans un décor bien différent. Une salle tout en longueur au toit vitré, aux murs couverts de posters de modèles de lingerie fine. Des silhouettes d'hommes et de femmes, à l'arrière-plan, observaient la même femme brune posant au milieu de la pièce. Elle était sanglée dans un corset de cuir noir au laçage compliqué, juchée sur des talons aiguilles vertigineux. La taille comprimée, les seins toujours ornés de pinces, mais le visage découvert, dont le photographe avait saisi l'expression voluptueuse.

Boris avait déjà reconnu Léa Tulin dans la femme brune, mais l'impudeur provocante de son exhibition publique et du plaisir qu'elle y prenait avait quelque chose de particulièrement troublant. Dans son cou, le souffle de Fabienne Versois s'accéléra, alors que le dernier cliché emplissait l'écran.

C'était la même pièce mais l'assistance était moins nombreuse, plus proche du modèle. Chaussée de très hauts talons, uniquement vêtue d'une guêpière noire dont la matière avait des reflets argentés, le modèle en question se tenait debout sur un podium, face aux spectateurs, et de trois quarts pour le photographe. Son maintien était timide, son attitude un peu gauche, comme si elle voulait faire oublier la nudité de sa croupe, de ses seins pâles rehaussés par les balconnets. Mais pour contredire cette attitude, les deux mains qu'elle portait au bas de son ventre n'étaient nullement pudiques. Doigts écartés, paumes à plat sur les bourrelets rasés de sa vulve, elle écarquillait son sexe sous les regards des curieux. Les plus proches avaient pratiquement le nez dans sa fente.

Les yeux mi-clos, la bouche entrouverte, la femme se dissimulait tant bien que mal derrière le rideau soyeux de ses longs cheveux blonds…

Appuyée contre l'épaule de Boris, Fabienne Versois fixait la photo comme s'il ne s'agissait pas d'elle, sur l'écran. Elle chancela quand il rompit le silence.

– Sans vouloir être trop indiscret, madame Versois, dit-il en se tournant vers elle, j'aimerais que vous me parliez de votre lingerie, et de la boutique où vous l'essayez…

Chapitre VII

Léa Tulin avait raccompagné les trois responsables de Monde à soi jusque dans le hall d'accueil de la tour. Elle supposait que la présentation leur avait fait bonne impression, mais ni le P.-D.G. ni son adjoint n'avaient laissé paraître leur sentiment. Ils avaient seulement promis de rappeler avant huit jours. Elle croisait les doigts.

Le jeune directeur du développement, en lui rappelant incidemment qu'il s'appelait Antoine, avait quant à lui dérogé au parti pris d'impassibilité de ses collègues, mais la qualité du travail de Bartley Advertising n'était pour rien dans ses épanchements... Il avait discrètement glissé à Léa une proposition de déjeuner avec elle, et gardé sa main dans la sienne au moment de prendre congé. L'insistance de son regard brillant posé sur elle valait sans doute tous les discours, mais elle n'avait fait semblant de rien. Il s'était éloigné sans tenter davantage. Dommage, ne put s'empêcher de penser Léa en le regardant de loin se diriger seul vers la plus proche cafétéria.

L'instant d'après, en marchant vers les ascenseurs, elle se morigéna. Qu'est-ce qui lui arrivait, à la fin ? Si elle se montrait aussi faible et vulnérable, elle allait tout compromettre, gâcher des années d'efforts, se rendre l'existence invivable… Et, pire que tout, être à la merci de tous ceux qui pariaient sur un faux pas, se réjouissaient d'avance de la voir trébucher…

La cabine s'ouvrit devant elle et elle les vit, ceux auxquels elle pensait, les vautours prêts à se partager sa dépouille.

Sorbier, l'air goguenard et content de lui, qui serrait de près une stagiaire un peu boulotte au rire vulgaire, lui lança en levant le pouce :

– On s'en est vachement bien tirés, non ? Pourquoi tu fais cette tête ? Tu viens déjeuner avec nous ?

Elle déclina l'offre d'un signe de tête.

Ariane la fixa avec son insolence habituelle, glissant au passage :

– Caro t'attend là-haut… Bon casse-croûte !

Elle dépassait les bornes. Léa fit mine de la retenir, elle était d'humeur à la gifler. Mesmin s'interposa. Sa bouche molle se fendit d'un sourire.

– Allons, Léa, cool ! On est un peu à cran ?

Ses petits yeux luisaient d'une joie mauvaise. Léa n'y prêta pas attention. Elle s'emporta :

– Qu'est-ce que vous fichiez ce matin ? Vous auriez dû assister à la présentation !

– J'étais là où on avait besoin de moi ! répliqua-t-il. Je bossais…

Il était le plus âgé de l'agence, en dehors de Charles

Bartley lui-même. Le plus ancien, et le seul à vouvoyer Léa. Elle s'en contentait volontiers : l'idée de la moindre familiarité avec le directeur commercial la révulsait...

Sorbier et la stagiaire s'étaient éloignés, Ariane, à quelques pas, observait Léa avec une expression étrange. Mesmin, la tête rentrée dans les épaules mais souriant toujours, la narguait, attendant d'autres reproches. Léa ravala sa colère. Mesmin était arrivé à la fin de la réunion, son travail vis-à-vis de Monde à soi était terminé, en attendant la décision finale des clients qu'il avait démarchés. Elle n'avait aucune raison valable de s'en prendre à lui.

Léa n'alla pas jusqu'à le reconnaître et s'excuser. Elle se contenta de hausser les épaules et de passer son chemin. Mesmin dit dans son dos quand elle pénétra dans la cabine :

–Je bossais avec Charles, figurez-vous...

Léa croisa son regard à l'instant où les portes se refermaient. Elle ne put réprimer un frisson.

Elle traversa les bureaux de l'agence, indifférente à l'atmosphère plutôt joyeuse. La présentation réussie du projet pour Monde à soi, auquel tous avaient collaboré, avait fait retomber la tension des derniers jours et généré un vent d'optimisme. Le visage fermé de la patronne suscita dans son sillage des regards d'incompréhension.

Caroline se tenait dans le couloir desservant son bureau, un gobelet de Coca et un sandwich à la main. Son sourire plein de promesses sensuelles se heurta à l'expression dure de Léa.

–Je n'ai pas faim et je ne veux pas être dérangée, lui lança celle-ci sans ralentir.

Ignorant la mine déçue de la blonde, elle s'enferma dans son bureau.

Seule à l'abri des regards, Léa se demanda ce que signifiait l'allusion de Mesmin. Il avait « bossé avec Charles ». Cela résonnait comme un avertissement, après sa fuite inexpliquée de la veille. Et cette façon de la toiser, une menace ? Mesmin et Ariane, alliés de circonstance. Ligués contre elle ?

« Je deviens parano », se dit-elle en essayant de contrôler le tourbillon de ses pensées. En même temps, le film des dernières vingt-quatre heures défilait dans sa tête. Elle s'assit à son bureau, prit son portable, consulta la messagerie avant d'appeler.

Le premier message la fit sursauter. Il était laconique et remontait à un quart d'heure.

« À ce soir chez Clotilde. Bonne surprise, non ? »

La voix si reconnaissable lui procura au creux des reins un délicieux frémissement. Le deuxième message s'enchaîna :

« C'est Boris, je croyais que votre portable était toujours ouvert… J'ai besoin de vous parler d'urgence… »

Elle imagina son sourire en prononçant les premiers mots. La suite était plus sérieuse, empreinte d'une certaine tension. Il l'avait appelée quelques minutes après Paul. La coïncidence laissa Léa rêveuse. Du creux des reins au bas du ventre, une chaleur se propagea en elle.

Paul restait injoignable, obstinément « anonyme » à l'écran. Elle rappela Boris, soupira quand le répondeur se déclencha. Elle négligea de se nommer.

– Désolée que vous m'ayez ratée. Paul s'est manifesté. Rappelez-moi.

Elle eut conscience que sa voix était basse, essoufflée. Elle pensa à Charles Bartley pour reprendre son sang-froid. Sans succès. Le big boss ne s'était pas manifesté. Qu'est-ce qu'il tramait contre elle ? Lui et Mesmin…

Sans s'en rendre compte, elle avait glissé une main sous sa veste, pour comprimer les battements de son cœur. Elle l'y laissa, agaçant de l'ongle, à travers le tissu, le téton qui ne tarda pas à réagir. Elle pensa à Caroline. Il suffisait de la siffler… Petite chienne docile. Est-ce qu'elle attendait, de l'autre côté de la porte, le bon vouloir de sa maîtresse ?

Caroline ne suffirait pas à la calmer. Des images plus fortes l'assaillirent, le désir de sensations plus violentes. Elle repoussa les souvenirs de la veille, à la Résidence Victoria. Dériva en pensée vers la boutique de Clotilde. Ses défilés sous la verrière, son podium…

Une petite voix disait à Léa qu'elle s'égarait, qu'elle perdait pied. Le silence de Bartley était mauvais signe, elle ferait mieux d'anticiper, au lieu d'attendre que les coups tombent sur elle. Un message d'excuses sur son répondeur ? Elle ne voulait pas risquer qu'il réponde. Une conversation téléphonique à ce moment n'était vraiment pas souhaitable. Elle résolut de lui envoyer un mail.

Elle cliqua machinalement jusqu'à l'ouverture de sa boîte de réception. Non filtré, le mail reçu vingt minutes plus tôt était titré « RDV », et adressé par un expéditeur inconnu, un pseudo composé d'initiales, auquel elle ne prêta guère d'attention. Elle ouvrit le message, lut: « Parking B 2. 13h00. »

Elle revint au pseudo, « amas », qu'elle traduisit instantanément, avec un sourire: Antoine Monde à soi… Elle avait sous-estimé le directeur du développement aux œillades brûlantes mais aux mains trop sages! Elle éprouva une impression de vide dans la tête, en même temps qu'une lourdeur dans le ventre. Un rendez-vous au parking à l'heure du déjeuner! Il ne manquait pas d'audace. Il avait de belles mains, trop timides dans la salle de projection, mais qui avaient osé taper ce message laconique. Une belle queue? Elle s'humecta les lèvres et vit qu'il était 12 h 50.

Elle allait refermer la boîte à courrier, toute concentrée sur ce qui pouvait s'ensuivre, quand elle s'avisa qu'une pièce jointe était attachée au mail. Elle cliqua sans réfléchir et l'instant d'après, la photo plein écran lui sauta au visage.

L'impression de vide se transforma en une terrible sensation d'effondrement.

Bouche bée, le souffle coupé, Léa fixa de longues secondes l'image qui la glaçait: une belle femme brune nue et masquée, menottée aux barreaux de cuivre d'un lit, dans une chambre décorée avec goût.

Elle ne rêvait pas. Les détails le lui prouvaient: la sanguine au mur, le collier à son cou, et la parure de cuir fendue, qu'on distinguait mal au bas de son ventre, tant l'attention était captée par la fleur épanouie de son sexe saillant entre les renforts du cuir.

C'était bien elle, la veille, à la Résidence Victoria, chambre 9. Léa Tulin, attendant l'homme qui la ferait jouir. Impossible à reconnaître sous le masque de cuir souple… Impossible à identifier.

Sauf par l'assassin.

*

* *

Confortablement installé dans la bergère Louis XV, avec devant lui deux portables et entre les mains un énorme agenda quasi ministériel, Aimé Brichot, dans son costume de tweed Old England, aurait pu poser pour un petit maître, dans le rôle du hobereau. Il ne manquait pour compléter le tableau que le service à thé sur la table basse, encore que ce fût plutôt l'heure de l'apéritif. Mais il semblait que la maîtresse de maison eût oublié ses devoirs.

– Alors, Mémé ? Tu comptes passer ta journée ici ?

Brichot releva la tête vers sa flèche.

– L'appareil photo ? demanda-t-il avec le souci d'aller à l'essentiel.

– Il n'y est pas.

Brichot laissa échapper un petit sifflement.

– Ça veut dire que notre motard de Passy l'aurait embarqué, dit-il en fixant la pochette Hermès. On s'en va ?

– Pas encore. Comme Mme Versois est finalement bien disposée à notre égard, on va en profiter pour faire quelques vérifications. Tu me suis ?

Boris désigna l'agenda.

– Quelque chose à en tirer ?

– J'ai peur que non. Et des portables non plus. Aucune trace de Paul Journand.

– J'ai découvert quelque chose d'intéressant, Mémé, mais je t'expliquerai tout à l'heure, au bureau.

– Hon hon…

Ils dirigèrent tous les deux leurs regards vers les profondeurs de l'appartement.

– Je préfère ménager la maîtresse de maison, ajouta Boris à voix basse.

La longueur du couloir impressionna Brichot.

– Tu imagines, cette surface habitable ? murmura-t-il en observant au passage les toiles accrochées aux murs. On s'y perdrait…

– C'est quand même autre chose que les apparts modernes du Front de Seine…

– Tu en parleras à Jeannette… Question ménage, bonjour !

– Il y a du personnel, pour ça, Mémé, voyons.

– Qu'est-ce qu'on cherche ?

– Un indice qui nous mette sur la piste de Journand. Versois et lui se sont réconciliés, malgré leur vieux contentieux.

– En effet, apparemment, en tout cas. Un remboursement aurait tout arrangé ?

Boris haussa les épaules.

– Qui sait ?… J'ai demandé à Mme Versois de nous montrer les papiers récents. Relevés bancaires, courrier…

–Et elle a accepté ? s'étonna Brichot avec un regard en biais vers sa flèche.

–Elle a même promis de me montrer autre chose, mais je ne sais pas ce qu'elle a en tête…

Dans la pièce du fond, Fabienne Versois avait empilé sur le bureau trois dossiers épais. Elle annonça sans les regarder :

–Voilà, c'est classé de janvier à mars. Laurent était devenu très ordonné, finalement. Un peu tard, malheureusement.

Elle se retourna et s'adressa à Boris :

–Je suis prête à vous aider, je vous l'ai dit, bien que rien ne m'y oblige, n'est-ce pas ? Mais je veux pouvoir compter sur votre discrétion absolue, messieurs. Nous sommes d'accord ?

Elle avait une façon charmante de souligner certains mots – ob-li-ge, dis-cré-tion – avec une intonation précieuse et un battement de cils, comme une petite fille qui fait la leçon. Boris la rassura d'un mot et Mémé jura sur l'honneur. Fabienne Versois les remercia d'un grand sourire ingénu. Elle avait le teint plus frais, une vivacité nouvelle dans le regard. Brichot n'en revenait pas de sa métamorphose. Il s'assit au bureau.

–Prenez tout le temps nécessaire, lui dit-elle avant de quitter la pièce.

–J'ai fait un tour dans l'ordinateur, précisa Boris à son équipier. Sans succès pour ce qui nous intéresse, mais ne te prive pas de fouiner.

La voix de Fabienne Versois leur parvint, du couloir.

–Vous me suivez, commandant Boris ?

Les deux hommes échangèrent un regard. Brichot haussa les sourcils, Boris leva les yeux au ciel.

– À tout de suite, Mémé…

Il rejoignit la jeune femme et la suivit au long du couloir. Elle marchait vite, sans un mot. Elle ouvrit une porte, lui fit signe d'entrer, referma en donnant un tour de clé. Elle traversa une sorte de boudoir aux murs tendus de tissu rose et le précéda dans la pièce attenante. Il eut l'impression de pénétrer dans une bonbonnière.

– C'est ma chambre, dit-elle simplement. Et vous êtes le premier homme à y entrer depuis… très longtemps.

Elle rabattit la porte d'un coup de talon, fit voler ses longs cheveux dorés et d'un élan se suspendit à son cou. Les bras noués sur sa nuque, elle se pressa contre lui, en ondulant comme si elle voulait marquer l'empreinte de chaque parcelle de son corps sur le sien. Ses grands yeux liquides avaient foncé. Le pli triste de sa bouche s'était évanoui. Elle l'embrassa avec fougue. Sa bouche avait un goût de bonbon anglais.

Quoiqu'un peu sidéré par la tournure des événements, Boris ne se fit pas prier pour répondre à tant d'ardeur. Les lèvres de Fabienne étaient fondantes, sa langue agile. Elle reprit son souffle et s'écarta de lui.

– Tournez-vous, s'il vous plaît, je veux me changer, dit-elle soudain. Et je répondrai à vos questions, ajouta-t-elle en le faisant pivoter vers le mur.

Il obéit à son caprice, l'entendit s'éloigner, ouvrir des tiroirs.

En découvrant sa photo très indécente dans l'ordinateur de son mari, Fabienne avait failli tout à l'heure s'évanouir de honte. Boris l'avait retenue de tomber. Puis elle s'était regardée sur l'écran et il lui avait dit qu'elle était belle, très désirable.

– Vraiment ? Vous avez envie de moi, commandant ?

C'était lui qu'elle avait alors fixé, l'air incrédule. Puis, d'un geste brusque, incontrôlé, elle avait tendu la main vers sa ceinture, enveloppé de ses doigts la virilité qui ne demandait qu'à s'épanouir au contact de sa paume. Ç'avait été comme un déclic. Fabienne avait tout d'un coup retrouvé de l'assurance. À son expression, tandis qu'elle lui proposait de consulter les papiers de son mari et se mettait à retirer des dossiers des étagères, il avait compris qu'elle inventait un scénario pour surmonter le choc, se libérer d'un fardeau. Il s'y était conformé, même quand elle lui avait demandé de supprimer cette photo d'elle de l'ordinateur.

À présent, dans le cocon de sa chambre, elle poursuivait son idée. Boris, faisant sagement face au mur décoré de gravures, l'entendait fourrager dans des vêtements.

– Vous ne m'avez pas répondu, à propos de la boutique du quai de Valmy, dit-il par-dessus son épaule.

– Clotilde ? Vous la connaissez ?

– Pas encore, mais la femme brune des photos la fréquente aussi, vous avez vu… Vous ne l'avez pas rencontrée là-bas ?

– Non. Je ne me souviens pas. C'était la première fois que je m'y rendais, vous savez. Je n'y suis pas retournée.

– Qui vous a donné l'adresse ?

Il y eut un silence, puis Fabienne répondit :

– C'est Laurent.

– Votre mari ? Il y allait, lui ?

– Oh non ! Il n'aurait jamais osé… Mais il m'en a parlé, un jour, il n'y a pas longtemps. J'ai cru qu'en achetant de la lingerie, je l'intéresserais à nouveau. Que je l'exciterais… Il ne me touchait plus depuis si longtemps… Vous comprenez ?

Après un autre silence, et un bruit de tissu, elle ajouta :

– Mais je n'imaginais pas ce qui se passait là-bas.

– Qu'est-ce qui s'est passé ?

– Vous voulez dire… après le podium ?

La voix avait faibli. Boris dut tendre l'oreille.

– Je me suis sauvée, dit Fabienne. Ces gens… ces types qui voulaient me faire des horreurs. J'ai eu peur… Il ne s'est rien passé. Rien !

– Vous l'avez regretté ?

Elle ne répondit pas. Puis elle dit tout bas :

– Vous pouvez regarder, commandant…

Boris se retourna. Fabienne se tenait devant lui dans la même tenue et la même attitude que sur la photo. Sauf qu'elle n'était pas juchée sur un podium, seulement sur de très hauts talons aiguilles à brides, et qu'elle ne cherchait pas à se dissimuler derrière sa chevelure. Au contraire, son visage de poupée levé vers lui, guettant sa réaction d'un regard trouble, elle semblait le défier. Elle avait souligné ses lèvres d'un rouge vif, et même fardé ses tétons, qui dardaient à la lisière des balconnets.

– Je vous plais, commandant ?

Comprimés par la guêpière, ses seins blancs tremblaient au rythme de sa respiration saccadée. Il les caressa, fit saillir les pointes. Fabienne avança le ventre en une invite impatiente.

– Touchez… Je suis toute mouillée.

La fente rose de son sexe bâillait entre ses doigts écartés. Le contact la fit tressaillir. Elle haleta dès que la caresse se fit plus précise à la jonction des lèvres intimes. Elle saisit le poignet de Boris, l'écarta d'elle, mais pour l'entraîner vers le grand lit à baldaquin. Elle s'y allongea, ses cheveux dorés déployés sur le couvre-lit, les cuisses ouvertes.

– Je suis tellement excitée, murmura-t-elle en attirant Boris sur elle. Prenez-moi, commandant ! Prenez-moi tout de suite, fort !…

Le moment était mal choisi pour renouer le fil de la conversation. Boris eut du mal à se dégager de son étreinte pour se libérer. Fabienne avait des sursauts désordonnés de tout le corps, et le suppliait d'une voix étranglée de la prendre enfin… Quand il vint au-dessus d'elle, sans avoir pris la peine de se dévêtir plus que nécessaire, elle émit une plainte modulée, noua ses chevilles autour de ses reins et se cambra.

Son corps mince et nerveux s'ajusta au sien et s'ouvrit. Les genoux repliés haut, elle s'accrochait à lui comme une noyée. Une secousse du bassin suffit à combler son attente fébrile. Boris n'eut pas à forcer, son sexe raide glissa entre les chairs humides et plongea d'un trait dans un puits de miel. Fabienne expulsa tout l'air de ses poumons, écarquilla les yeux et lui griffa la nuque. Elle était étroite mais vraiment très excitée, et avide de l'accueillir tout entier, de le retenir. Savourant la sensation d'un manchon onctueux qui le tétait, il demeura fiché en elle, cognant à petits coups au fond de son ventre. Rapidement, un tremblement gagna la jeune femme, sa plainte enfla. Il sentit avec précision la contraction de ses muscles sur son membre, le spasme qui montait de ses reins. Fabienne avait beaucoup de retard à rattraper, dans ce domaine où elle ne manquait pourtant pas de talent, et le plaisir débordait d'elle.

– Je pars ! Je pars ! répéta-t-elle.

Puis elle jouit avec des sanglots étouffés, les yeux ruisselants de larmes, avec sur les lèvres un sourire pâmé.

Boris avait rarement eu cette impression de dénouer un nœud de frustration en quelques coups de reins. La matière synthétique et brillante de la guêpière semblait propager entre leurs corps soudés un courant électrique. Fabienne se rejeta à plat dos, bras en croix, les seins palpitants. Son bassin se souleva, encourageant Boris à de plus amples mouvements.

– Allez-y... baisez-moi..., bredouilla-t-elle, et elle répéta le mot avec délectation, se grisant de ce qui était à ses yeux, sans doute, un comble d'obscénité. Baisez-moi à votre guise, commandant !

Lui relevant les jambes à la verticale, un talon aiguille sur chaque épaule, il l'empoigna sous les fesses et se mit à la pilonner en force. Fabienne saisit en tâtonnant un coussin à la tête du lit, le serra entre ses bras, s'en couvrit le bas du visage et quand elle jouit à nouveau, il la vit mordre le tissu, y étouffant ses gémissements. Arc-bouté au-dessus d'elle, il se laissa aller, se répandit au fond de son sexe moelleux, lui arrachant de nouveaux soubresauts, des petits cris mêlés d'autres sanglots.

– C'est si bon, hoqueta-t-elle en reprenant peu à peu ses esprits. Vous m'avez fait vibrer très fort !

Elle avait recouvré la maîtrise de son vocabulaire, mais tendait déjà la main vers le membre à demi dressé qui lui avait fait tant de bien. Avec une mimique de gourmandise.

Boris recula pour se rajuster. Il n'oubliait pas Mémé…

– Je n'avais jamais trompé mon mari, figurez-vous, dit Fabienne en fixant le baldaquin.

– Même pas avec Paul ?

Elle se redressa, reprenant pied dans la réalité.

– Non, jamais… même si… Mais il me faisait peur. Et puis, j'aimais Laurent, à cette époque, et je ne suis pas ce genre de femme…

Elle s'interrompit, rougissant.

– Pardon, je voulais dire… J'étais une épouse fidèle. J'ai été élevée comme ça.

– Je vous crois, la rassura-t-il en l'aidant à se remettre debout.

Elle se blottit contre lui.

– Paul était pourtant présent, chez Clotilde, ce vendredi de février, reprit-il. Paul et Léa.

Elle secoua la tête.

– C'est impossible, je l'aurais reconnu, affirma-t-elle.

– Qui a pris la photo ? Vous vous rappelez ?

– Mais… cette femme. Clotilde. Elle est si étrange…

Elle frissonna.

– Léa, qui est-ce ? demanda-t-elle.

– La maîtresse de Paul.

– Cette brune qu'on attache ?

– Oui. Mais elle s'attache elle-même.

Une lueur brouilla les yeux de Fabienne. Mais elle soutint le regard de Boris et ne rougit pas des pensées qui lui traversaient l'esprit.

– Elle se fait payer, pour cela ? C'est une prostituée ?

– Pas du tout. Ce sont ses goûts. Elle s'appelle Léa Tulin, elle dirige une agence de publicité. Votre mari ne vous a jamais parlé d'elle, par hasard ?

Elle parut sincèrement stupéfaite.

– Mais non ! Pourquoi ?

– C'est avec elle qu'il se trouvait hier, quand il a été tué…

Elle mit quelques secondes à digérer l'information.

– Avec cette femme-là…, dit-elle à mi-voix, en pensant visiblement aux photos stockées dans l'ordinateur de son époux.

Il était à craindre que ce qu'elle découvrait avec incrédulité achève de mettre à mal les certitudes issues d'une bonne éducation, mais Fabienne Versois avait déjà fait, consciemment ou pas, un bout de chemin vers l'acceptation de certaines réalités. Elle le démontra en disant à Boris :

– Vous me tiendrez au courant, n'est-ce pas ? Vous voudrez bien…

Elle hésita puis reprit :

– Vous me raconterez tout ?

Elle n'avait pas spécialement en tête les progrès de son enquête, devina-t-il sans peine. Il vint près d'elle, l'embrassa sur les lèvres, puis lui remit sa carte avec ses coordonnées.

– Je vous rappellerai bientôt, promit-il. N'hésitez pas à me joindre s'il se passe quoi que ce soit, ou si vous vous rappelez autre chose. Je vais chercher mon collègue. Ne vous dérangez pas, je connais le chemin. Merci pour votre aide, ajouta-t-il.

– Oh, c'est moi qui vous remercie ! Pour tout !

Le visage débarbouillé du masque de tristesse et d'amertume qu'elle arborait à leur arrivée, elle paraissait rajeunie de dix ans.

*

* *

Si Brichot s'était étonné de quitter l'appartement sans avoir pris congé de la maîtresse de maison, il n'avait pas posé de questions, se contentant de remarquer alors qu'ils sortaient de l'immeuble :

– Je me doute que cette veuve charmante ne portera pas longtemps le deuil de son mari. Drôle de couple… Si on peut parler de couple, en l'occurrence.

– Qu'est-ce que tu as trouvé ?

L'œil pétillant de son ami laissait présager à Boris qu'il n'avait pas cherché en vain, mais Brichot ne répondit pas directement.

– Sur leurs relations personnelles, rien. Un vrai désert.

– Elle ne t'a sans doute pas donné toute la matière…

– Oh, j'ai eu le temps de fouiner ailleurs que dans les factures…

Boris ne releva pas l'allusion. Il était presque 13 heures, il avait faim.

– Pour le reste, reprit Brichot en montant dans la voiture, rien de très répréhensible, mais quelques petits arrangements financiers. Versois avait des difficultés, parce que la fortune est à madame, en propre… Et la fortune Blanchard, ça représente quelque chose. Fabienne Versois est à l'abri du besoin… Du besoin d'argent, j'entends…

Boris allait démarrer. Il se ravisa et prit son portable.

– Et Journand ? s'impatienta-t-il.

– J'y viens, si tu permets. Justement, la situation financière de Laurent Versois s'est un peu améliorée cet hiver, suite à une rentrée de fonds assez substantielle…

Tout en pianotant pour consulter sa messagerie, Boris jeta un coup d'œil aigu à son équipier.

– J'ai eu également le loisir de réfléchir à certains recoupements, reprit celui-ci. Parce que les choses ne sont pas très claires. Tu comprends…

– O.K., Mémé, le coupa Boris, je suis désolé que tu aies trouvé le temps long, mais Mme Versois avait des choses importantes à me confier, que je vais te raconter dès que tu m'auras dit…

– Si tu m'interromps tout le temps, je n'y arriverai jamais, se plaignit Brichot avec un sourire entendu. Bon, Versois a touché personnellement dans les trois cent cinquante mille euros, vers Noël. Un cadeau sympa…

– De Journand ? Sa dette plus des intérêts ?

– Pas directement, mais d'une société…

Les sourcils soudain froncés, Boris interrompit d'un geste son équipier. Et jura entre ses dents en écoutant ses messages.

– Qu'est-ce qui se passe, Boris ?

– Léa Tulin… Elle a appelé trois fois en une demi-heure. Paul s'est manifesté !

– Enfin une bonne nouvelle !

Boris rappela Léa sur son portable, mais tomba sur la messagerie. Avec une grimace, il réécouta le deuxième message, enregistré dix minutes plus tôt, et mit le haut-parleur. Léa disait très vite, d'une voix altérée par l'émotion :

« Boris ? Oh, bon sang, jamais là ! Je viens de recevoir un mail… Ça ne peut être que le type d'hier… Le meurtrier ! »

Quatre minutes plus tard, à 12 h 55, le débit du troisième message était mieux maîtrisé.

« J'ai réexpédié la photo sur ton adresse mail. Tu comprendras tout de suite. Je vais au rencard, il faut bien que je sache. Parking 2 B. Je serai au bureau tout l'après-midi… si tout va bien. Rappelle-moi. »

Il était 13 h 10. Boris démarra à vive allure.

– Elle disait dans le premier message que Paul l'avait appelée, expliqua-t-il, la mine sombre. Paul, et ensuite le meurtrier…

– On repasse au bureau ? Ce mail…

–Je me doute de quoi il s'agit.

Comme il accélérait pour passer un feu à l'orange, son portable sonna. Ce n'était pas Léa, mais la voix éraillée par le tabac de Baba.

–Encore en vadrouille, Corentin ? Si vous pouviez rappliquer dare dare…

–Désolé, patron, mais je suis dans l'urgence. Je vous passe Brichot.

Il tendit l'appareil à ce dernier, avec une mimique excédée. Mémé écouta, hocha la tête et conclut d'une voix calme :

–Entendu, monsieur, j'arrive. Le commandant Corentin peut très bien se débrouiller sans moi.

Le bref échange terminé, il rendit le portable à Boris, lequel s'enquit, intrigué :

–Qu'est-ce qui se passe là-bas ?

–Le préfet Robert s'est annoncé pour dans un quart d'heure, ce qui ne laisse pas à Baba le temps de déjeuner décemment. Il aimerait avoir des choses à lui dire.

–Eh bien, tu ne vas pas le décevoir, affirma Boris en accélérant encore. Je te laisse au métro ?

–Il y a des circonstances où le taxi s'impose ! À croire que la République est en danger !

–À trois semaines d'une élection présidentielle, c'est toujours le cas, Mémé. Mais en l'occurrence, Robert se fait des frayeurs pour rien !

Un taxi s'arrêtait juste à côté d'eux à un feu rouge. Il était vide. Tout en plaquant le gyrophare sur le toit de la 307, Boris fit signe au chauffeur et se rabattit devant lui. Au moment de changer de véhicule, Brichot demanda à sa flèche :

– De quoi on est sûrs, à cette heure, pour Baba et Robert ? Parce qu'on n'a pas eu le temps de se mettre au courant mutuellement…

Il ajouta à mi-voix comme pour lui-même :

– Difficile d'être au four et au moulin, et de répondre en même temps aux appels de détresse…

– On fera le point complet plus tard au bureau, Mémé. Ce qui est certain, c'est que la personne visée était Léa Tulin, pour un motif sans doute personnel. Et qu'à cette heure, elle est probablement en danger ! Versois s'est trouvé au mauvais endroit au mauvais moment. Rien à voir avec la politique. O.K. ? Ils ne demandent qu'à être rassurés, de toute façon.

– On est d'accord. À plus.

Brichot monta dans le taxi qui fit aussitôt demi-tour sur le boulevard Malesherbes, repartant vers le centre de Paris. Gyrophare tournant, Boris grillait déjà le premier feu dans la direction opposée. Celle de la Défense, et de la tour où Bartley Advertising avait ses bureaux.

CHAPITRE VIII

Les talons de Léa claquaient sur le ciment du parking. Derrière elle, les portes de l'ascenseur se refermèrent. Elle s'avança dans la lumière jaune d'un néon, hésitant sur la direction à prendre. Faute de posséder une voiture, elle ne connaissait pas les lieux. Elle n'était jamais descendue dans les sous-sols.

Des lettres et des numéros étaient inscrits sur les piliers de béton. Alentour, des dizaines de voitures stationnaient, luisant dans la pénombre. Mais il n'y avait pas âme qui vive. Elle aperçut sur sa droite, à bonne distance, un repère B. Le ventre noué d'appréhension, elle longea une travée, s'éloignant vers la partie du parking la moins encombrée, mais aussi, lui sembla-t-il, la plus sombre. Seul le panneau lumineux indiquant la rampe de sortie, tout au bout de l'allée, avait quelque chose de rassurant.

Elle cherchait à distinguer, dans l'un des véhicules, le signe d'une présence, s'attendait à ce qu'un appel de phares lui indique où se rendre. Au lieu de cela, un mouvement sur le côté l'alerta, alors qu'elle atteignait la section B. Une silhouette se détacha d'un pilier, sous le repère d'une sortie par l'escalier. Elle obliqua dans cette direction, se faufilant entre les voitures, traversant l'allée parallèle.

En reconnaissant Antoine, le directeur de développement de Monde à soi, elle se sentit soulagée. Elle avait deviné juste, et s'était sans doute alarmée à tort. En même temps que la peur refluait, les images du scénario qu'elle avait fantasmé à son sujet revinrent en force dans son esprit. Le jeune homme aux belles mains avait surmonté sa timidité…

Il se tenait au milieu d'un emplacement libre, entre un break Volvo et un roadster Mercedes rutilant. Derrière lui, le mur était taché d'humidité, plusieurs néons ne fonctionnaient plus. Immobile dans la pénombre, il l'observait qui s'approchait. Il avait desserré sa cravate, gardait les mains dans ses poches. Dommage…, se dit Léa. C'était ce qu'il avait de plus attirant, en attendant mieux. Pas mal bâti tout de même, quoique trop bien peigné à son goût.

Elle se racla la gorge, s'efforça de sourire avec naturel.

–Amas… Antoine Monde à soi ! J'ai tout de suite déchiffré le rébus, dit-elle. Vous m'avez quand même surprise… Je m'attendais plutôt à une invitation en bonne et due forme…

–Je vous ai proposé de déjeuner.

–Je n'avais pas faim, désolée.

Elle jeta un regard autour d'elle, baissa la voix :

–Un rendez-vous dans un parking, c'est inattendu…

Ce genre d'endroit vous inspire ?

Il montra le roadster flambant neuf et dit avec fatuité :

– Je pourrais vous emmener ailleurs…

– Bel engin, je suis impressionnée, dit Léa, dédaignant d'admirer l'objet de la fierté du jeune homme.

Elle l'observait, lui, et commençait à être déçue. Il la draguait comme un banal cadre sup sûr de sa bonne fortune. Elle avait imaginé autre chose.

– Cette photo, reprit-elle d'un ton plus sec, qui vous l'a procurée ?

– C'est bien vous, n'est-ce pas ?

Il la regardait par en-dessous. Il se rapprocha, mais il hésitait.

– C'est vous ? répéta-t-il.

– C'est ce qu'on vous a dit ?

– Avouez que c'est vous…, insista-t-il d'un air buté en avançant d'un autre pas.

Elle essayait de comprendre où il voulait en venir. Comme il la contournait, elle recula et se retrouva adossée au break. Il fixait sa poitrine qui gonflait le Lycra, entre les pans de sa veste.

– Je suis toute prête à avouer, Antoine, mais je me doute que ce n'est pas vous qui avez pris cette photo. Alors, qui ? Qui vous l'a envoyée ?

Il s'énerva, sortit les mains de ses poches.

– Qu'est-ce que ça peut faire, salope ? Quelle importance ?

Il allongea vivement le bras, lui saisit un sein, qu'il malaxa avec brutalité, froissant le tissu. Léa eut un geste réflexe pour se défendre, le repousser. Il lui saisit au vol le poignet et le tordit. Elle grimaça de douleur et lâcha son sac à main.

– Vous me faites mal, Antoine, souffla-t-elle en essayant de se dégager.

– Mais il paraît que tu aimes ça, pas vrai ?

Il se pressa contre elle, cherchant à l'embrasser. En détournant son visage, Léa se cogna la tête contre la portière du break.

– Aucune femme n'aime être violée, Antoine ! Vous êtes stupide ! Ça pourrait vous coûter cher ! Lâchez-moi !

Elle avait parlé du ton qu'elle employait dans les relations de travail. Avec l'autorité d'un chef. Douché, Antoine lui lâcha le poignet et ôta sa main de sa poitrine. Elle vit sur sa figure à quel point il était peu sûr de lui. Il y avait la photo, bien sûr, une femme entravée, aveuglée, qui s'exhibait et s'offrait. Mais, en face de lui, se trouvait Léa Tulin, une *career women* qui dirigeait une boîte, qu'on disait intraitable, rigoureuse. Était-il possible que ce fût la même ? Perturbé, il passa une main sur son front, bredouilla quelque chose qu'elle ne comprit pas. Une excuse, peut-être…

Elle aurait pu, profitant de son avantage, lui échapper et filer vers l'ascenseur. Mais elle songeait toujours à la photo de la chambre n° 9, à ce que signifiait son envoi par mail. Qui l'avait prise ? Qui l'avait fournie au directeur du développement d'une société cliente de l'agence ? Ce qu'elle pressentait lui donnait le vertige.

Elle ne s'enfuit pas. Elle dit d'une voix radoucie, alors qu'il avait reculé et était encore en pleine confusion :

– Vous me plaisez. La preuve, je suis venue ici... Pourquoi vous comporter comme un soudard ?

Elle lui prit la main, son pouce appuyant sur la paume, remontant vers les doigts longs et fins. Il retrouva un filet de voix :

– J'ai perdu la tête... À cause de cette photo...

– Je pourrais vous en montrer d'autres, dit-elle en attirant sa main vers sa gorge.

Elle la posa à la lisière de son décolleté, en lui adressant un sourire. Antoine écarta les pierres d'ambre du collier, faufila ses doigts dans l'échancrure. Son désir d'elle était toujours là, brûlant dans ses yeux. Il baissa la tête, honteux, mais le contact du sein nu sous le tissu l'enhardit à nouveau. Il caressa l'arrondi soyeux, s'attarda sur l'aréole. Léa se rapprocha de lui, à le frôler. Bombant la poitrine tandis qu'il agaçait la pointe.

– Un peu de douceur au début, c'est mieux, quand on se connaît à peine, dit-elle tout bas. Excitez-moi, avant de me faire mal...

Elle poussa un soupir, les seins durcis sous la main qui les empaumait tour à tour. Il releva les yeux, se demandant si vraiment elle l'encourageait. Enlaçant sa taille, il l'attira contre lui, pour lui faire sentir son érection. Un autre soupir, plus profond, le convainquit. Ôtant la main du décolleté, il la plaqua au bas des reins de Léa, se penchant sur elle pour l'embrasser dans le cou. Elle se cambra, repliant un genou pour faire bâiller la fente de sa jupe, et montrer le chemin à la main fureteuse. Son string collait sa fente. Pas si maladroit, le jeune homme l'écarta et aussitôt, la pénétra. Deux doigts joints qui tournaient, l'évasaient, se poissaient de son jus. Léa releva plus haut son genou, s'ouvrit avec complaisance, en s'accrochant aux épaules d'Antoine.

– Montrez-moi votre queue, murmura-t-elle en tâtonnant d'une main sur sa ceinture. C'est elle que je veux.

Il la lâcha, trop vite à son goût. Comme s'il était incapable de se libérer d'une seule main ! Mais ce qu'il avait à lui montrer valait effectivement la peine, et en fixant le membre épais qui jaillissait de la braguette ouverte, Léa se dit qu'elle ne serait pas déçue. Impossible, avec une matraque pareille !

L'expression de fatuité revint sur le visage du jeune homme, dès qu'elle soupesa puis empoigna l'autre objet de sa fierté. Pas très long, mais vraiment massif, il se cabra dans sa paume. Le sexe béant de Léa coula davantage.

– Retourne-toi, lui ordonna Antoine, toute honte bue.

Il la poussa vers le roadster et la fit pivoter, se plaquant contre son dos pour la courber sur le capot. Si fébrile à nouveau qu'elle craignit qu'il ne se contrôle pas assez longtemps pour la faire profiter de son engin. Elle fit de son mieux pour lui faciliter la tâche, écartant les jambes et creusant le dos. Puis, quand il eut retroussé sa jupe sur sa taille, elle s'écarta les fesses à deux mains, la joue râpant contre la tôle brillante. Elle haletait.

– Fourrez-la-moi !

Il ne la fit pas attendre bien longtemps. Fléchissant les genoux entre ses cuisses, il remonta d'une poussée brutale, en pointant son pieu au centre de l'entaille. Léa en eut la respiration coupée, le ventre délicieusement écartelé. Accroché à ses hanches, il s'agita de façon désordonnée, ahanant et soufflant comme une forge, mais elle s'en moquait. Seule comptait la trique épaisse qui l'emplissait et à chaque coup de reins la dilatait un peu plus.

Alors qu'elle jouissait, il se retira presque entièrement. Un bruit de porte couvrit la protestation de Léa. Un courant d'air remonta le long de ses cuisses, sur ses fesses qu'elle griffait. D'une secousse, Antoine replongea en elle, se répandit en grognant. Léa contracta ses muscles intimes pour le retenir, sentir les jets de sperme la cribler. Un regain de jouissance la fit gémir sourdement.

Stupidement, le jeune homme affalé sur elle ne bougeait plus, tout à coup. Il débandait.

– C'est pas un bon coup, la chef ? grasseya une voix derrière eux.

– Tu l'as fait reluire, ma parole, renchérit une autre, un peu rauque, mais féminine.

En même temps qu'Antoine se retirait, Léa voulut se retourner, mais une poigne sur son cou l'immobilisa, le visage plaqué sur le capot. Une autre lui tordit le bras dans le dos. Sa main libre battit l'air.

– On se calme ! intima le nouveau venu, au-dessus de sa tête.

Il avait écarté Antoine et pris sa place. Nettement plus corpulent, il l'écrasait de tout son poids. Elle avait reconnu la voix de Mesmin avant d'apercevoir son visage congestionné, son sourire triomphant. Il avait de la force, une vraie brute. Elle crut qu'il allait lui briser la nuque, lui casser le bras. Elle abattit sa paume sur le capot et ne bougea plus, les yeux brouillés de larmes.

– Là, c'est mieux ! On ne te veut que du bien… Pas de violence inutile.

Il ricana :

– Les menottes, les coups… c'est pas mon truc… Tu te tiens tranquille, d'accord ?

Il murmurait contre son oreille. Elle battit des paupières en signe de reddition. Il libéra son cou, mais pas son poignet, se contentant de relâcher un peu sa prise. Pesant sur elle et se frottant contre ses fesses nues, il reprit en salivant :

– Je pourrais te baiser, tu ne protesterais pas, hein ? Mais bon, j'aime bien mes aises, et pas trop mariner dans la sauce d'un autre !

Léa réprima un haut-le-cœur. À travers l'étoffe du pantalon, elle sentait le sexe gonflé du gros homme contre ses reins. Elle ferma les yeux quand il lui lécha l'oreille. Lorsqu'elle les rouvrit, la silhouette floue d'Ariane dansait devant elle. De l'autre côté de la Mercedes, dans la lumière jaune sale d'un néon grésillant, la média-planner aux gros seins et à la bouche aussi vorace que l'ambition pompait avec ardeur l'épais mandrin d'Antoine.

– Elle met du cœur à l'ouvrage ! rigola Mesmin en mordillant l'oreille de Léa. Il l'a bien mérité, l'imbécile, sa récompense !

Accroupie devant le jeune homme, les genoux très écartés et sa minijupe en cuir remontée sur ses hanches, Ariane, qui se vantait au bureau d'être une grande gueule, prouvait qu'elle avait d'abord une grande bouche, et que sa réputation de savoir s'en servir n'était pas usurpée. Elle avait fait rebander Antoine et ses grosses lèvres retroussées coulissaient sur toute la longueur de son membre. D'une main, elle le tenait à la racine, de l'autre, elle malaxait les couilles extraites du pantalon. Le jeune homme oscilla et se cramponna à ses épaules, quand elle accéléra la cadence et se mit à le branler en même temps qu'elle le suçait.

–Vous me faites mal, se plaignit Léa en secouant la tête, comme Mesmin, fasciné par le spectacle, l'écrasait sous lui.

Il recula, lâchant son poignet, lui permettant de se redresser et de soulager son bras meurtri. Mais aussitôt, il la ceintura, glissant ses mains sur son ventre, remontant sous le tissu pour s'emparer de ses seins.

–Regarde ! répéta-t-il. Elle va le faire juter vite fait ! Après, il fiche le camp et on reste entre nous !

Léa fixait comme une somnambule la bouche d'Ariane avalant le membre qui tout à l'heure l'avait fait jouir. Mesmin malmenait durement ses seins, son bras ankylosé était douloureux…

Dans un éclair de lucidité, elle réalisa dans quel piège elle était tombée. Antoine avait servi d'appât. Les deux autres avaient fourni la photo, pour le convaincre que Léa Tulin était bien cette femme-là. Amas, comme André Mesmin et Ariane Sudre… Mais la photo, comment était-ce possible ? Et surtout, qu'est-ce qu'ils voulaient à présent ?

Il était bien tard pour comprendre. Elle qui avait toujours su anticiper, cloisonner, préserver sa vie professionnelle des attaques de toutes sortes, se retrouvait le jouet d'un cauchemar qui avait débuté la veille, dans une chambre où son amant l'avait appelée, puis abandonnée, trahie…

À bout de nerfs, les jambes flageolantes, elle eut un sanglot, se laissa aller en arrière contre Mesmin. Il en profita pour remonter le Lycra, lui mettant les seins à l'air. En entendant sangloter Léa, Antoine tourna la tête vers elle. L'image de la belle femme brune, si intimidante deux heures plus tôt, à présent ballottée entre les bras courts du gros homme, se grava sur sa rétine. Ses seins maltraités, leurs bouts dressés, et son visage défait, larmoyant… Cette vision le fit aussitôt éjaculer.

Ariane tourna la tête, elle aussi, le menton et le cou aspergés, une lueur de méchanceté dans les yeux.

– Tulin qui pleurniche et demande grâce, ça me fait jouir rien que de le voir ! lança-t-elle en se redressant.

Abandonnant Antoine, elle contourna la Mercedes, se campa face à Léa. Avec ses bottines à hauts talons, elle était plus grande qu'elle. Elle lui prit le menton pour lui relever la tête et l'embrassa à pleine bouche, mêlant à sa salive un peu du sperme d'Antoine. Léa suffoqua. Ariane lui griffa le ventre et les seins, pinçant et tordant les bouts, lui tirant de nouvelles larmes.

– Tu la traites trop gentiment, dit-elle à Mesmin, tout en faufilant sa main sous la jupe froissée du tailleur. Elle est trempée !

Léa se raidit, mais Mesmin la ceinturait et elle n'avait plus la force de se débattre. Ariane enfonça ses doigts en elle, lui faisant sentir ses ongles. Puis elle infligea à son clitoris ce qu'elle faisait à ses tétons. Un tremblement saisit Léa, la parcourut des pieds à la tête.

–Ça me fait jouir et ça la fait jouir aussi ! triompha Ariane.

*
* *

Léa s'était à peine rendu compte du départ d'Antoine, dans son roadster. Il avait décampé sans demander son reste, ne lui accordant ni un regard ni une parole. Ne s'inquiétant d'aucune manière du sort que les deux autres comptaient lui réserver.

Mesmin avait ouvert le break, poussé Léa sur la banquette arrière et claqué la portière. Elle n'avait pas pu entendre la brève discussion qu'il avait eue avec Ariane, mais à ses gestes, elle avait deviné qu'il essayait plutôt de la modérer. Elle avait hoché la tête, d'assez mauvaise grâce. Puis, comme Mesmin revenait vers la voiture pour se mettre au volant, elle avait entendu la phrase qui mettait fin, semble-t-il, au débat :

–On s'en tient aux ordres, un point c'est tout !

Ils avaient donc des ordres…

Ariane était montée à l'arrière. Assise au milieu de la banquette, elle avait rapidement fait l'inventaire du sac à main de Léa, avant de le poser à ses pieds. Rencognée contre la portière, Léa l'avait regardée faire sans réagir. Comme elle avait vu sans y croire s'éloigner derrière eux les tours de la Défense, après que Mesmin eut quitté le parking.

L'horloge du tableau de bord indiquait 13 h 40. Léa n'en revenait pas que tout se fût déroulé si vite. Elle sortit de sa stupeur en constatant qu'ils prenaient l'autoroute de l'Ouest.

– Vous m'enlevez, à présent ?

Mesmin ne répondit pas. Il mit l'autoradio, réglé sur une station de musique classique. Il respectait les limitations de vitesse, bien que la circulation fût encore fluide, à cette heure.

– Un meurtre hier, un enlèvement aujourd'hui, reprit Léa en s'efforçant de raffermir sa voix. Beau palmarès !

Les épaules de Mesmin se raidirent.

– Qu'est-ce qu'elle raconte ? cria-t-il pour couvrir la musique.

– Des conneries, trancha Ariane en riant. Elle prétend qu'on l'a violée !

Mesmin secoua la tête.

– Quel culot !

Ariane se tourna vers Léa, la fixant d'un regard glacial.

– Tu n'aurais pas oublié le viol ?

Son assurance était telle que Léa blêmit et resta sans voix. Ariane tendit le bras et saisit le collier d'ambre à son cou. Elle le tira vers elle, obligeant Léa à se rapprocher. Le visage tout près du sien, elle dit à mi-voix en détachant les mots :

– Contente-toi d'être en vie et prépare-toi à ramper, ma belle !

La peur qu'elle lut dans les yeux de la brune la ravit. Elle ajouta :

–Est-ce qu'on t'enlève ? Ce n'est pas sérieux ! On t'emmène juste à la réunion que tu as ratée hier… Le big boss a deux mots à te dire !

*

* *

Boris acheva de faire le tour du parking 2 B sans avoir décelé la moindre trace de la présence ou du passage de Léa Tulin. Perplexe, il reprit l'ascenseur et regagna le hall d'accueil. Il avait beau avoir rallié la Défense aussi vite que possible, il avait mis un temps fou à trouver le lieu du rendez-vous fixé à la jeune femme. Celle-ci ne l'avait pas rappelé, et son portable restait sur messagerie. À l'agent de sécurité qui lui avait indiqué dix minutes plus tôt l'accès aux parkings, il avait aussi demandé d'appeler un responsable de Bartley Advertising. Quand il sortit de l'ascenseur, une liane blonde en jean hyper serré et chemise d'homme vint à sa rencontre.

Je m'appelle Caroline, je suis l'assistante de Mme Tulin, annonça-t-elle en lui tendant une main délicate. Vous êtes de la police ?

Ses courts cheveux blonds encadraient un visage poupin, mais le regard direct qu'elle posa sur Boris n'était pas celui d'une gamine. Il se rappela ce que Léa lui avait dit la veille, à propos des messages de son assistante et de la place qu'elle prétendait occuper dans sa vie.

–En effet, répondit-il, mais je voulais voir Léa à titre privé. Est-ce qu'elle est à l'agence ?

– Non, répondit Caroline, une pointe d'inquiétude dans la voix. Elle n'est pas encore remontée.

– Vous êtes sûre ?

– Mais oui, elle est descendue il y a moins d'une heure, et elle n'est pas encore rentrée. Que se passe-t-il, monsieur… ?

– Boris, l'informa-t-il sommairement.

Il n'oubliait pas le cadre particulier, quasi officieux, de son enquête. Les strictes consignes de discrétion émanant de Robert et de son patron. Ce que laissaient supposer les appels de Léa rendait la situation non seulement angoissante, mais potentiellement incontrôlable.

– J'aimerais vérifier avec vous, reprit-il. Vous pouvez m'accompagner jusqu'à son bureau ?

Caroline le précéda, lui faisant apprécier le parfait arrondi de son petit cul moulé par le denim. Avant que l'ascenseur ne les dépose dans les locaux de l'agence, il savait tout de ce qu'elle avait à lui dire. C'est-à-dire peu, malgré son évidente bonne volonté. Accessoirement, il avait deviné aussi qu'elle portait son jean, comme sa chemise, à même la peau, et que malgré son corps filiforme aux hanches étroites, aux seins à peine marqués, elle avait la motte très renflée d'une vraie femme. Comment enfilait-elle un pantalon comme ça ? Et comment l'enlevait-elle ? Le contraste avec le corps pulpeux de Léa devait valoir le coup d'œil, avait songé Boris. Caroline avait délicieusement rougi sous son regard.

Ils firent le tour des bureaux, aux murs couverts de grands posters sous verre tirés des campagnes de pub réalisées par l'agence, s'attardèrent sans résultat dans celui de Léa, qui se distinguait par la sobriété de sa décoration. En dépit des timides sourires en coin de Caroline, et de sa façon très habile de se déhancher alors qu'elle n'avait presque pas de hanches, Boris avait d'autres idées en tête, nettement moins distrayantes. Il demanda des informations sur les principaux collaborateurs de Léa, prit des notes et la remercia. Malgré son intimité avec sa patronne, la blonde ne connaissait pas le mot de passe d'accès à sa messagerie, lui avoua-t-elle en crispant sa petite bouche charnue. Elle lui était de peu de secours, et s'en désolait. Elle insista pour le raccompagner.

Dans le petit hall d'accueil de l'agence, ils croisèrent un couple qui rentrait. La fille, plutôt ronde, avec des cheveux ras et des piercings, riait, l'homme portait un catogan, des lunettes mauves et un costume prune.

– C'est Loïc… Loïc Sorbier, le directeur artistique, glissa Caroline à Boris. Et elle, la stagiaire qui a pris la place d'Ariane, maintenant que celle-ci est devenue directrice du média planning. Mirabelle…

– Mirabelle et prune, parfait ! murmura Boris en obliquant vers le couple.

Caroline se retint de pouffer et aborda Sorbier.

– Monsieur Boris cherche Léa, il est de la police, lui dit-elle discrètement.

– J'ai fini ma semaine, et en beauté ! Je ne compte donc pas m'attarder, répondit-il en jetant un regard à la fille. Mais si je peux vous aider… La police, vraiment ? Léa a fait des bêtises ? Ce n'est pourtant pas son style !

Il indiqua à Boris un renfoncement où des sièges permettaient de discuter au calme, près d'une machine à café. Englobant d'un geste les posters accrochés aux murs, souvenirs d'une campagne de pub osée qui avait fait l'objet quelques années auparavant d'une polémique, il ajouta en riant :

– Quoiqu'on ne puisse jurer de rien, avec ce genre de femme !

Les affiches montraient des filles portant des accessoires qui n'auraient pas déparé dans un catalogue sadomaso.

– Sous l'eau qui dort, qui peut dire quels remous s'agitent ? Les créatifs abordent de front la question du paraître, vous comprenez… Tandis que les gestionnaires restent prisonniers d'un dilemme insoluble…

Vu son débit saccadé et ses gestes fébriles, on lui aurait volontiers prescrit un relaxant, voire, pensa Boris en cherchant son regard derrière ses verres foncés, une petite cure de désintoxication.

– J'avais rendez-vous avec Léa tout à l'heure, mais je ne l'ai pas trouvée, intervint-il à la première pause dans la logorrhée de Sorbier. Vous ne savez pas où elle est ?

– Où est Léa ? Elle est où Léa ? Les aléas sont notre boulot, Boris… Léa se serait envolée ? Incroyable, elle a tellement les pieds sur terre ! Une femme tellement pragmatique !

Il buta sur le mot, le répéta en essayant d'articuler. Complètement déjanté ! conclut Boris pour lui-même, avec un soupir.

– J'aurais aimé la voir s'envoler ! Mais poésie et

pragmatisme sont inconciables, n'est-ce pas ? Inconciliables et irréconciliables…

Boris coupa court, profitant que le directeur artistique répétait les deux mots sans avaler de syllabes.

– Juste une question, monsieur Sorbier. Qui est-ce qui pourrait ici en vouloir à Léa Tulin au point de souhaiter sa disparition ?

Le bras de Sorbier resta suspendu en l'air, son front se plissa et il resta un instant muet.

Boris avait posé la même question à Caroline. Il obtint de Sorbier la même réponse, assénée d'un ton d'évidence :

– Mais tout le monde !

Chapitre IX

Il était 15 h 30 quand Boris réintégra le service des Affaires recommandées, au 36 quai des Orfèvres. Les lieux familiers et la présence de Brichot procuraient un certain réconfort, après une visite chez Bartley Advertising. Il comprenait pourquoi Léa avait parlé de « fosse aux lions », à propos de son milieu professionnel…

Il se laissa tomber dans son fauteuil, pivota en direction de son équipier, dont le bureau était couvert de documents, et soupira, en réponse à sa question muette :

– Rien ! J'ai peur qu'elle ait disparu. Aucune nouvelle, et à l'agence, pas le moindre indice… et trop de soupçons. À croire qu'à son travail, elle risquait sa vie tous les jours ! Que chacun avait une bonne raison de lui faire un croche-pied… ou pire.

Brichot hocha la tête en lissant sa fine moustache, mais à rebours du pessimisme de sa flèche, il affichait un petit sourire.

– Ce n'est peut-être pas si grave, dit-il. Elle viendra peut-être au rendez-vous ce soir…

– Quel rendez-vous, Mémé ?

Celui-ci désigna du pouce l'ordinateur de Boris.

– Je me suis permis de prendre connaissance de tes mails.

– Alors ?

Contrairement aux cachotteries pratiquées chez les Versois, et aux mœurs en vigueur chez Bartley, qui chagrinaient Caroline, les enquêteurs des Affaires recommandées se communiquaient les codes d'accès à leurs boîtes aux lettres électroniques. Le travail de police impliquait évidemment des méthodes d'équipe.

Brichot montra son bureau encombré et répondit :

– Une ample moisson, et pas à mettre entre toutes les mains ! Strictement réservé aux adultes ! J'ai tout imprimé.

– Les photos de Laurent Versois ? demanda Boris en s'approchant.

Il avait, sur les instances de Fabienne, supprimé de la mémoire de l'ordinateur de son mari la série de photos qui avaient tant bouleversé la jeune femme, mais avant de les jeter à la corbeille, il avait pris soin, sans le lui dire, de les expédier à sa propre adresse mail.

Boris vit la petite pile de photos imprimées sur papier spécial. Les deux qui avaient pour décor la boutique de lingerie du quai de Valmy étaient placées côte à côte sur le dessus. Et Brichot avait même sorti d'un tiroir de son bureau une loupe, pour les examiner de plus près.

– Tes lunettes ne te suffisent plus ? plaisanta Boris. Il te faut une loupe ?

Brichot rajusta sur son nez lesdites lunettes de myope léger et répondit, en pointant le doigt sur le cliché montrant Fabienne Versois sur le podium :

– Quelque chose m'échappe là-dedans, il faudrait un microscope…

Il parlait très sérieusement.

– Et Léa ? demanda Boris.

À l'écart des autres, deux feuilles se chevauchaient. Boris examina la première.

– Résidence Victoria chambre 9, hier, commenta son équipier.

– Elle l'a reçue tout à l'heure en pièce jointe. La vérité de cette histoire se tient entre ces deux points.

Ils restèrent songeurs un instant, se posant les mêmes questions. Brichot tendit la deuxième feuille.

– Léa Tulin t'a envoyé un deuxième mail à 12 h 58, pour compléter son message téléphonique…

Boris lut le texte qui tenait en une seule phrase : « RDV Paul ce soir 20 heures chez Clotilde. Léa. »

– C'est pas une plutôt bonne nouvelle, ça ? dit Brichot en tapotant la feuille de l'index.

– Sans doute, mais deux minutes après, elle s'est rendue au parking 2 B et là, mystère… S'il lui est arrivé quelque chose, elle ne sera sans doute pas chez Clotilde ce soir.

– Mais Paul, si ! En tout cas, on peut l'espérer.

Boris approuva, le front barré d'un pli soucieux.

– Je n'arrive pas à comprendre son rôle dans tout ça.

– Moi non plus, mais il est le mieux placé pour nous l'expliquer.

– Tu as rassuré Robert et Baba, au fait ? reprit Boris après un silence.

–Plus ou moins, oui…

–Plutôt plus ou plutôt moins ?

–Robert a débarqué à cran, il est reparti sur les dents.

Boris se mit à rire.

–Comme il les a longues et acérées, ça fait mal, en effet ! Qu'est-ce qu'il voulait ? Qu'on lui apporte le coupable sur un plateau dès ce matin ?

Brichot haussa les épaules.

–Le coupable n'est pas vraiment son premier souci.

–La victime, à peine plus, Mémé.

–Tu as raison, mais si Léa Tulin avait été tuée, comme nous pensons que cela aurait dû se passer, ça l'aurait bien arrangé.

–Je m'en doute. Moi, je serais plus proche de l'avis de notre ex-collègue Maignard…

Brichot mit quelques secondes à réagir.

–Tu ne vas quand même pas te féliciter de la mort de Laurent Versois, parce que le tueur a raté sa cible !

–Je ne m'en félicite absolument pas, corrigea Boris. Je dis qu'à tout prendre, je préfère avoir affaire à Léa Tulin vivante que morte.

–Et donc inversement…

–Quel sophiste !

Brichot rajusta ses lunettes sans autre motif que son exaspération.

–Sophiste toi-même ! C'est ta façon de raisonner qui produit…

Boris apaisa son équipier d'un geste conciliant.

–Tu as raison, Mémé, les hommes sont égaux et les victimes se valent toutes. Les préférences personnelles n'ont pas à entrer en ligne de compte.

– Ça tombe sous le sens, quand on a choisi ce métier, conclut Brichot en levant les yeux au ciel.

– Mais pas forcément pour le préfet Robert, qui lui n'est pas policier…

– Ce qui le contrarie fort, c'est qu'il a parlé à Fabienne Versois au téléphone, après notre départ, et qu'elle admet mal la version de la mort de son mari qui a été fabriquée…

– Le suicide ? suggéra Boris. Et ce serait notre faute, si elle n'est pas d'accord ?

– Il ne l'a pas dit tout à fait comme ça.

– Et Baba ? Il va nous faire les gros yeux ?

– Disons qu'il serait très soulagé si on pouvait résoudre l'enquête sans mettre Robert dans l'embarras.

Boris alla se rasseoir.

– Nous verrons bien. Pour le moment, elle est loin d'être résolue, dit-il. Si on trouve Paul, on comprendra peut-être pourquoi Laurent Versois s'est trouvé hier sur la trajectoire d'un tir qui visait Léa Tulin…

– Flutiaux a extrait la balle et l'a envoyée à la balistique, précisa Brichot, qui observait sa flèche en train de réfléchir à haute voix.

– L'appareil photo que Versois transportait dans sa pochette a disparu. Il a servi à prendre au moins une photo de Léa attendant son amant… Versois est arrivé dans la chambre, a photographié Léa et laissé l'appareil en évidence. Le tueur a ensuite volé l'appareil…

– Et la pochette.

– Il l'a perdue dans la bagarre avec Maignard. Elle lui

importait sans doute peu. Il n'a donc emporté que l'appareil.

– Et aujourd'hui, Léa Tulin a reçu une photo. Ça signifie que le meurtrier la connaissait, et la savait vivante.

Boris regarda Brichot.

– Une photo pour la compromettre, la faire chanter… On tente de la tuer, puis on passe au chantage, ça te paraît cohérent ?

– Si Léa Tulin avait rendez-vous tout à l'heure avec le tueur ou ses complices, et qu'elle a disparu, on peut craindre que cette fois, ils ne l'aient pas ratée… Hélas !

– Ou bien la photo s'est égarée dans d'autres mains, suggéra Boris sans y croire.

– Il faut chercher le coupable dans l'entourage de Léa Tulin, en toute logique, reprit Brichot après un silence chargé de noires pensées.

– C'est sûr. Il y a apparemment toute une liste de gens qui ne l'aimaient pas… Ses plus proches collaborateurs chez Bartley, pour commencer !

La loupe avec laquelle jouait Brichot fit un bruit métallique en cognant le bord du bureau.

– Tu as dit Bartley ?

– Oui, Bartley Advertising, c'est le nom de l'agence de pub. Charles Bartley est le P.-D.G. Je croyais que tu le savais. Pourquoi ?

– C'est qu'on a eu à peine le temps de se parler, depuis hier… J'ai trouvé ce nom dans les papiers de Laurent Versois, ce matin… Le généreux renfloueur.

– Le cadeau de Noël de trois cent cinquante mille euros ?

– Tout juste. Versés par une société américaine, Bartley Invest, sur un compte personnel de Versois dans une banque luxembourgeoise, si j'ai bien compris… Autant dire que Mme Versois, qui avait prêté de l'argent à Journand, n'en a pas vu la couleur lors du remboursement… Le fisc non plus, par parenthèse…

– Versois conservait la preuve de ce versement dans ses papiers ? s'étonna Boris.

– Non, j'ai trouvé ça griffonné en abrégé au dos d'une facture EDF du début janvier. Le numéro de compte n'y figurait pas !

Boris montra trois doigts de sa main.

– Journand, Versois, Bartley… Je ne pige pas encore, mais je trouve la réunion de ces trois-là intéressante.

Il replia son majeur.

– *Exit* Versois, il reste Journand et Bartley… L'amant de Léa d'un côté, son patron de l'autre. Bizarre, non ?

Laissant Brichot à ses réflexions, il ralluma son ordinateur, vérifia ses mails et ouvrit successivement les plus récents. L'avant-dernier, qui fixait rendez-vous à Léa dans le parking, et s'accompagnait de la photo d'elle prise la veille à Passy, retint son attention.

– Tu as vu la mention de l'expéditeur ? demanda-t-il à Brichot. Amas… Qu'est-ce que c'est, à ton avis ? Un pseudo, non ?

– Des Palestiniens ?

– Pas Hamas avec un H, Mémé ! A.M.A.S.

– Est-ce que je sais ? Des initiales ? Comme B.C.A.B.

– Pardon ?

– Boris Corentin, Aimé Brichot. Je reconnais que ce

n'est pas très prononçable. Amas, ça sonne mieux.

– Hé, pas si bête, Mémé !

Boris sortit de sa poche les notes qu'il avait prises à l'agence, parcourut les noms et n'eut pas à descendre loin dans la liste : André Mesmin figurait en troisième position, Ariane Sudre juste après. Respectivement directeur commercial et média-planner.

Il fit le numéro de portable de Caroline, la blonde assistante de Léa. Elle lui demanda aussitôt :

– Vous avez eu de ses nouvelles ? Elle ne répond toujours pas, ni sur son portable ni chez elle. Comme hier après-midi…

Boris demeura muet un instant, songeant à une hypothèse qu'il n'avait pas envisagée : le rendez-vous dans le parking aurait-il eu un prolongement érotique ? De la part de Léa, aurait dit Sorbier, on ne pouvait rien exclure… Il finit par répondre :

– Non, pas de nouvelles, mais j'ai d'autres questions à vous poser, à propos de Mesmin et de cette jeune femme, Ariane Sudre…

– Ils sont allés déjeuner ensemble après la présentation de ce matin au client… Monde à soi, vous savez…

– Mais ils sont dans l'agence, en ce moment ?

– Mesmin, certainement pas. Il est souvent à l'extérieur. Ariane devrait être là. Je me renseigne, un instant…

Caroline revint en ligne au bout d'une minute.

– Non, elle n'est pas remontée, après déjeuner. Elle en prend à son aise !

– Vous ne l'aimez pas beaucoup, hein ?

Lors de leur discussion, Boris avait noté que le ton de la blonde n'était pas des plus amènes, lorsqu'elle avait cité la stagiaire promue aux responsabilités.

– Personne ne peut aimer une fille comme elle ! répliqua Caroline.

– Sauf Charles Bartley, apparemment ?

– Disons qu'elle correspond à ses goûts et n'est pas regardante.

– Vous voulez dire qu'elle l'a embobiné ?

Un petit rire de gorge résonna à l'oreille de Boris.

– En l'occurrence, c'est plutôt lui qui embobine. Excusez-moi, j'ai un appel de Londres que j'attends depuis une heure…

Boris raccrocha sur la promesse de se tenir mutuellement au courant. À nouveau, il compta sur ses doigts : Mesmin, Sudre, Bartley… Un autre trio. Bartley était le point commun entre les deux. Il se mit à tracer sur une feuille des triangles associés à des noms. Sur l'écran de son ordinateur, une icône sautillante annonça la réception d'un nouveau mail. Il cliqua et sursauta.

– C'est un mail de Léa ! s'exclama-t-il en ouvrant le message.

Il le lut à haute voix :

– « À +, pas de souci. LT. »

– Qu'est-ce que je te disais ? remarqua Brichot. On ne l'a pas enlevée, tu vois bien.

Boris hocha la tête, seulement à moitié rassuré. Pourquoi ne lui avait-elle pas téléphoné ? Elle pouvait taper un mail, mais pas parler ? Et elle avait signé de ses initiales, au lieu de Léa, comme dans son message précédent.

–Je trouve ça étrange quand même, dit-il à mi-voix, songeant à nouveau à l'hypothèse d'une escapade érotique. « À + », ça veut dire quand ?

Il ferma sa boîte de réception et se concentra sur la feuille où il avait dessiné des triangles. Il ajouta des flèches, pour relier des noms entre eux. Et des points d'interrogation, trop nombreux à son goût.

–Mémé, tu es occupé ? demanda-t-il au bout de quelques minutes.

N'obtenant pas de réponse, il tourna la tête. Son équipier était penché sur une des photos étalées sur son bureau, la loupe à la main.

–Oh, Sherlock, tu m'entends ?

–Bien sûr, pas la peine de crier ! répliqua Mémé sans lever la tête.

Boris se leva et le rejoignit.

–Bartley, c'est lui la clef, dit-il. Je le sens.

Il glissa la feuille sous la loupe. Le nom de Bartley, entouré d'un cercle, en occupait le centre.

–Charles Bartley. Agence de pub, société financière aux États-Unis, où Journand est allé s'installer après avoir rompu avec Versois… On doit trouver autre chose, en fouillant…

Brichot replaça sa loupe dans le tiroir.

–O.K. Charles Bartley, soupira-t-il. Ce truc m'horripile, à la fin !

–Quel truc ? demanda Boris en saisissant la photo de Fabienne Versois.

–Quelque chose que j'ai sur le bout de la langue. Ou plutôt au bout des yeux. Regarde toi-même…

– Je vais appeler Fabienne, elle sait peut-être quelque chose sur Bartley.

– Ce n'est pas elle, mais les gens autour, ceux qui regardent…

Boris examina le cliché, haussa les épaules.

– Clotilde a pris cette photo, on lui posera la question tout à l'heure… Elle doit savoir qui sont ces hommes.

– Et la femme…

Boris reporta son attention sur le cliché. Fabienne Versois s'exhibant sur un podium, en guêpière noire aux reflets argentés, dont Boris se rappelait très physiquement l'effet sur son corps pâle de blonde… L'entourant en demi-cercle, une demi-douzaine de spectateurs, tellement proches qu'ils n'avaient qu'à tendre la main pour la toucher. Certains esquissaient le geste, d'autres avançaient plutôt le nez, qu'ils avaient à hauteur de son sexe rasé. L'un d'eux tirait la langue, au sens propre. Les autres se cantonnaient encore au sens figuré.

– Je ne vois que des hommes, conclut Boris.

– Cinq hommes et une femme, rectifia Brichot. La Black en cuir qui a la main levée. Un peu en retrait des autres, avec les cheveux ras…

– J'aurais dit le Black, mais bon… Il est à moitié caché…

– N'empêche, c'est une femme…

– Peut-être bien, après tout, convint Boris en fixant le profil délicat du visage, la main fine. Elle est plutôt ambiguë, dans ce cas.

– « Plutôt, peut-être » ! Tous normands, comme tu disais hier, à propos du Lisboète… Toi aussi, tu vois…

– J'admets, Mémé…

Boris revenait vers son bureau mais à mi-chemin, il stoppa net, se retourna et s'écria :

– Bon Dieu de bois ! Tu as raison, Mémé !

Brichot sursauta.

– Les photos d'hier, Mémé ! Les trois photos de Toni Noam !

Il rafla sur le bureau le cliché pris par Clotilde, repêcha la loupe dans le tiroir. La lumière se fit dans l'esprit de Brichot.

– Bon sang ! Je savais bien qu'elle me disait quelque chose, cette femme !

– Cet homme, Mémé. Toni Noam !

– Ou Swan Eliott…

– Ou Acha Ampong, ou Yola Soko…

Homme ou femme ? Le profil sous la loupe ne révélait pas son secret.

Brichot avait déjà extrait d'un dossier les trois photos montrées la veille au gardien de l'immeuble du Front de Seine.

– C'est lui, je suis sûr que c'est lui, affirma Boris en pointant le doigt sur celle de Toni Noam

– Je l'avais au bout de la langue, répéta Brichot en fixant sa flèche avec admiration.

Ils rapprochèrent les photos, trouvèrent au fond d'un tiroir une loupe plus grosse, qu'ils promenèrent sur les visages.

– On va demander des retouches et des agrandissements, mais c'est bien lui, conclut Boris.

– Ou elle…

– Il ou elle, qu'est-ce que Toni Noam vient faire là ?

Ils se regardèrent, stupéfaits.

– Je ne vois pas le rapport, avoua Brichot.

Boris fixait la photo prise chez Clotilde.

– Il y en a forcément un, ça ne peut pas être une coïncidence.

– Le hasard, parfois…

Mais Brichot, outre la confiance qu'il avait dans les intuitions de sa flèche, avait trop d'expérience pour croire au hasard.

Boris saisit, parmi les photos de Léa, celle qui avait été prise chez Clotilde. Des hommes et des femmes, une dizaine de spectateurs, formaient vers le fond de la pièce une double haie d'où émergeait Léa comme d'un bain de foule, en corset, avec des pinces accrochées au bout des seins, l'expression chavirée. La loupe qui balayait l'assistance s'arrêta soudain sur une silhouette mince, à l'arrière-plan. Toute de cuir vêtue, les cheveux noirs ras, elle ne regardait pas Léa, mais l'objectif. Ou le photographe… Était-ce à nouveau Clotilde qui tenait l'appareil, ou Paul Journand ?

– C'est bien elle, Mémé ! Regarde !

Brichot examina la photo avec attention.

– Je dirais lui, ce coup-ci ! finit-il par estimer.

– Peu importe ! On cherche un tueur, Mémé, et lui, ou elle, est fortement soupçonné d'en être un…

Chapitre X

Léa rabattit d'un geste précautionneux le couvercle de l'ordinateur portable placé devant elle, après avoir lu la confirmation que son mail avait bien été envoyé à Boris. Elle se redressa en mesurant ses mouvements, pour que les élancements qui traversaient sa poitrine nue ne deviennent pas exagérément douloureux. Elle voulait garder la tête froide encore un peu de temps, conserver la maîtrise de ses sens pour avoir une chance de retourner la situation à son avantage.

Dans la posture où elle était, c'était difficile...

La morsure des petites pinces crocodile argentées fixées au bout de ses seins provoquait un afflux de sang dans le téton, une douleur sourde et lancinante. Les pointes mauve sombre dardaient, énormes et démesurément allongées, entre les dents acérées plantées dans l'aréole.

Debout derrière le banc étroit où elle était assise à califourchon, Charles Bartley posa ses deux larges mains sur ses épaules et les massa, en appuyant fortement. Contrainte de bouger d'avant en arrière, Léa sentit l'olisbos fiché en elle cogner au fond de son ventre. Elle poussa une plainte.

– Détendez-vous, ma petite, dit Bartley en accentuant son massage. Vous voyez que tout est parfait, votre ami de la police n'a aucune raison de s'inquiéter, et vous non plus…

Il saisit la fine chaîne qui reliait les pinces et la tira, en imprimant de brèves saccades.

– Les larmes vont aideront à vous détendre. Laissez-vous aller. Notre ami Paul m'a dit tout ce que vous aimiez… Dommage qu'il ne soit pas là… Mais j'espère être à la hauteur.

Léa voulut porter ses mains à sa poitrine brûlante, mais il lui saisit les poignets et les entrava à nouveau dans son dos. Il ne lui avait libéré les mains que le temps qu'elle tape le message. Il les emprisonna dans les deux anneaux attachés à la large ceinture de cuir qui lui comprimait la taille. Le godemiché faisait partie de ce harnais simple et efficace. Il suffisait de serrer la ceinture pour réduire la longueur de la courroie où il était fixé.

Bartley serra : le cuir tressé scia la fente de Léa, écrasant son clitoris. Elle se raidit, la respiration coupée. L'angle modifié du membre factice la forçait à se cambrer, le ventre en avant. Le frottement lui enflammait tout le sexe et le banc était trop bas qu'elle s'assoie normalement. Les jambes écartées et les genoux pliés frôlant le sol, les chevilles immobilisées loin vers l'arrière, elle était bloquée, tout le poids de son corps portant sur le rembourrage de cuir. Clouée sur le gode.

À travers ses larmes, elle vit Bartley emporter l'ordinateur vers le fond de la grande salle qui occupait le sous-sol de la villa. Une salle de musculation, équipée d'une quantité d'appareils sophistiqués dont certains étaient détournés de leur destination première, pour servir à des exercices physiques un peu particuliers…

Bartley sortit de la salle par la baie vitrée qui donnait sur une piscine couverte. Léa le vit parler à l'homme qu'elle avait croisé à leur arrivée, et que Bartley appelait Martin, à l'américaine. Une armoire à glace en survêtement blanc et chaussures de sport, avec de petits yeux froids qui ne s'étaient pas privés de détailler Léa lorsqu'elle s'était déshabillée devant lui, sur l'ordre de Bartley.

C'était dans le bureau du rez-de-chaussée de l'énorme villa normande, et Mesmin était déjà reparti dans sa Volvo, congédié par Bartley avec un mépris qui avait intérieurement réjoui Léa. Mais Ariane était là, elle, et Léa n'avait pu se réjouir longtemps. Ariane l'avait giflée parce qu'elle n'obéissait pas assez rapidement.

–M. Bartley t'a demandé de te mettre à poil ! lui avait-elle craché à la figure, les yeux flamboyants de haine.

Comme Léa essayait de protester, elle avait agrippé le haut en Lycra et l'avait mis en pièces, arrachant du même coup le collier d'ambre.

–Ça suffit, Ariane ! s'était emporté Bartley. Emmène-la, Martin, et calme-làa! Où se croit-elle ?

Martin avait empoigné Ariane et l'avait entraînée hors de la pièce. Une fois la porte refermée, Léa avait entendu des cris, malgré le capitonnage. Bartley souriait, très maître de lui à son habitude. Martin était revenu cinq minutes plus tard. Impassible.

Les cinq minutes avaient paru très longues à Léa.

Debout devant le grand bureau, les seins nus entre les pans de sa veste de tailleur, la jupe froissée et un bas déchiré, incapable d'affronter le regard hautain du P.-D.G. de Bartley Advertising, c'était comme si elle contemplait les ruines de sa carrière.

Bartley avait souri avec une visible délectation. Il n'avait même pas jugé bon de faire des commentaires. Le silence était encore plus cruel. Léa n'était pas en position d'argumenter, de se défendre…

Puis Bartley avait étalé les photos sur le sous-main, en les tournant vers elle. Une vingtaine parmi celles que Paul avait prises à l'occasion de leurs rendez-vous clandestins, et qu'il lui avait parfois montrées, mais avec parcimonie. Léa n'avait jamais vu certaines. Son visage était reconnaissable sur plusieurs. Comme elle reculait sous le choc, il lui avait ordonné d'approcher, de regarder. Et cette fois, il avait enfoncé le clou.

–Notre ami commun, Paul, a eu la bonté de me faire profiter de ses talents… J'avoue, madame Tulin, que j'ai eu un peu de mal à y croire, au début. Et puis j'ai regretté de ne pas avoir compris plus tôt quelles ressources insoupçonnées vous cachiez. Moi qui me croyais perspicace… Mais nous rattraperons le temps perdu, n'est-ce pas ? Nous allons commencer dès aujourd'hui.

Léa se retenait au bord du bureau, tête baissée, les joues en feu. Elle ne pouvait s'empêcher de fixer une à une les photos. Aucune d'entre elles ne datait de la veille et ne la montrait dans la chambre de la Résidence Victoria, mais elle trop accablée pour en déduire quoi que ce soit. Bartley s'était levé, laissant les tirages imprimés en évidence. Il s'était brièvement éloigné, revenant avec un verre qu'il lui avait tendu. Elle avait bu d'un trait. Whisky ou cognac, elle n'aurait su dire, l'esprit déconnecté, en déroute.

– Je vous veux en forme pour la suite, Léa. L'épisode du parking n'était qu'un avant-goût.

L'alcool avait donné à Léa la force de parler.

– J'avais rendez-vous avec un ami, quand vous m'avez enlevée…

– Le terme est tout à fait inapproprié.

– Il est de la police…

– Qu'à cela ne tienne, vous allez le prévenir, avait aussitôt répliqué Bartley. Le rassurer. Vous êtes évidemment ici de votre plein gré. Mon invitée du week-end…

Il n'était nullement pris au dépourvu.

Martin était réapparu à cet instant, seul, et avait dit en anglais qu'Ariane se tenait tranquille.

– Très bien, elle attendra.

Puis à l'intention de Léa, Bartley avait ajouté :

– Il faut toujours rappeler à Ariane qui est le maître, je ne vous apprends rien… Vous, vous savez exactement ce qu'il en est, n'est-ce pas ?

D'un signe de tête, en la toisant, il lui avait signifié ce qu'il attendait.

Léa s'était dévêtue devant eux, ne gardant que ses chaussures.

Ensuite, ils étaient descendus au sous-sol. Martin l'avait « appareillée », selon le terme de Bartley. Avec des gestes précis, sans manifester d'émotion, même en lui enfonçant, avec plus d'adresse que de brutalité, le sexe factice. Lequel était de belles dimensions, mais il n'avait pas eu à beaucoup forcer.

–Elle est mouillée..., avait dit Bartley, d'un ton à peine interrogatif.

–Très. Et large, avait répondu Martin en anglais.

Une fois installée sur le banc, Léa n'avait plus tenté de résister. Toute volonté l'avait abandonnée. Martin avait apporté l'ordinateur, elle avait tapé le mail, Bartley lisant par-dessus son épaule, lui faisant remplacer « À ce soir » par « À + ». Plaisantant pour finir:

–Boris Corentin, au Quai des Orfèvres... J'espère qu'il vous traite bien !

Léa n'avait rien su dire. Un gémissement montait dans sa gorge, qu'elle avait toutes les peines du monde à retenir.

À présent qu'elle était seule dans la grande salle, elle le laissa fuser entre ses lèvres, entrecoupé de halètements.

Sans même s'en rendre compte, elle oscillait lentement sur le banc. Par son volume et sa longueur, l'engin fiché en elle l'emplissait, et finissait par l'amener au point où elle ne voulait pas aller. Mais c'était plus fort qu'elle. L'envie de jouir la démangeait. Les membres engourdis de tension, le clitoris en feu sous la lanière, elle se laissa aller au roulis de ses hanches. Ses seins bougeaient à peine, mais la douleur qui couvait à leurs bouts étranglés lui procurait des flashes de plus en plus rapprochés qui les faisaient trembler.

Elle se cabra, soulevant son cul, malgré le manque d'appui, pour retomber sur le banc, et faire bouger dans son ventre la masse inerte. Un orgasme bref et violent la fit hoqueter et elle faillit tomber.

Surgi derrière elle d'elle ne savait où, Bartley la rattrapa par la ceinture de sa taille et la chaînette des pinces, déclenchant une vague de plaisir et de douleur plus forte, qui lui arracha des cris. Il la rassit, la maintint droite sur le banc, la regardant haleter et creuser le ventre.

–Eh bien, si c'est une sorte de test de réactivité, comme disent les managers, vous l'avez passé haut la main, ma chère. On vous laisse seule trois minutes et vous jouissez déjà…

Il repoussa les cheveux bruns en désordre pour dégager le front en sueur de Léa. Les traits crispés, les yeux brouillés de larmes, elle remarqua qu'il était en vêtement d'intérieur en soie aux couleurs vives. Son allure altière n'en était pas affectée. C'était la première fois qu'elle le voyait autrement qu'en costume sur mesure. Jamais elle ne l'avait imaginé sous un autre jour. Charles Bartley lui fit penser à un oiseau de proie, avec son nez busqué, son visage émacié sous une abondante chevelure blanche. Un rapace pour qui l'argent comptait, mais moins que le pouvoir. Les mains courtes et puissantes qui enserraient le visage de Léa lui avaient toujours inspiré de la peur plutôt que du désir. Les yeux perçants qui la guettaient lui promettaient d'autres épreuves.

Il attendit qu'elle ait repris son souffle pour lui tourner la tête vers la porte principale. Martin entrait, poussant devant lui Ariane. Elle était nue, aveuglée par un masque et menottée.

Bartley dit à l'oreille de Léa, d'une voix d'où toute ironie avait disparu :

– Voilà votre rivale. Elle rêve de prendre votre place. J'espère que vous êtes également endurante.

*
* *

Pendant que Brichot ressortait le dossier de Toni Noam, call-girl, mannequin, animatrice d'un réseau de prostituées de luxe, recherchée comme témoin dans l'enquête sur l'assassinat, un mois plus tôt, d'une fille de vingt ans, Boris appela successivement Caroline, l'assistante de Léa, puis Fabienne Versois et enfin Clotilde, créatrice de mode, quai de Valmy. La boutique était fermée, disait sur le répondeur une voix chaude et sensuelle, qui priait les correspondants de rappeler après le week-end. Pas fermée pour tout le monde, mais il fallait être invité, traduisit Boris en consultant sa montre.

– Je retourne à l'agence Bartley et je ferai un crochet par Monceau, annonça-t-il en enfilant son blouson.

– Bon courage, avec les départs en week-end de Pâques, tu n'es pas rendu !

Boris prit sur le bureau les trois portraits de Toni Noam et les deux photos de Léa et Fabienne présentant les créations de Clotilde à un public sélectionné.

– On ne résout pas d'enquête uniquement par téléphone et Internet, Mémé. Le contact humain, ça reste le b.a.ba du métier ! On pourrait se retrouver quai de Valmy vers sept heures et demie. Si Paul Journand se pointe à l'heure prévue, on sera parés.

– O.K. Je prévois des renforts ? Imagine que Toni Noam y soit aussi ? C'est peut-être une habituée ?

Boris hésita un instant, puis haussa les épaules.

– Le Ciat[1] de Louis-Blanc n'est pas loin, assure-toi seulement qu'il y aura des gens disponibles, si on les appelle dans l'urgence.

– Toujours la discrétion, hein ? soupira Brichot.

Boris quitta le bureau sur un signe de la main fataliste. L'enquête de flagrance sur le meurtre de Versois ne les condamnait certes pas à agir clandestinement, mais Badolini et le préfet Robert n'apprécieraient pas que la nouvelle filtre, en attendant de convaincre un juge, lundi, que le conseiller en communication s'était tiré une balle dans la nuque à trois ou quatre mètres de distance… Dans le cas moins sensible de Toni Noam, qui faisait l'objet d'un avis de recherche, les choses étaient plus simples. Il serait toujours temps d'aviser, si les deux affaires apparemment sans rapport se rejoignaient, par exemple dans la boutique de Clotilde. Depuis qu'ils avaient reconnu la – ou peut-être le – Black sur les photos récupérées dans l'ordinateur de Versois, Boris se demandait quel pouvait être ce point de jonction. Il en avait une petite idée, et espérait que Caroline lui fournirait de quoi étayer son intuition.

1. Commissariat.

Elle vint à nouveau l'accueillir dans le hall au rez-de-chaussée de la tour, au milieu du flot d'employés qui quittaient l'agence.

– Vous avez appris quelque chose, monsieur Boris ?

Elle songeait à Léa. Il la rassura, tandis qu'ils prenaient l'ascenseur.

– Léa m'a envoyé un mail. Elle dit que tout va bien.

Caroline pinça les lèvres.

– C'est vous qu'elle prévient, vous avez de la chance !

Elle lui tourna le dos et ne dit rien de plus, jusqu'à ce qu'ils arrivent dans l'espace de réception de l'agence.

– Il n'y a pratiquement plus personne, à cette heure, vous venez dans mon bureau ? lança-t-elle avec détermination, mais en évitant de le regarder. Ce sera plus tranquille, pour répondre à vos questions…

Conscient de la décevoir lui aussi, il montra le renfoncement où il avait parlé avec Sorbier au début de l'après-midi.

– On sera très bien ici…

– Vous voulez un café, un thé ?

– Un café, merci, répondit-il en regardant les posters encadrés aux murs.

Du coin de l'œil, il la vit sourire de l'intérêt qu'il portait aux photos.

– Cette campagne de pub n'a pas été interdite ?

– Certaines affiches seulement. Les féministes n'ont pas apprécié, et le BVP[1] non plus ! L'annonceur a eu peur des poursuites, on a dû tout refaire en catastrophe.

– Et en édulcorant…

Elle battit des cils. L'affiche que contemplait Boris

1. Bureau de vérification de la publicité.

montrait deux femmes très dévêtues, pour mettre en valeur les accessoires de cuir, bijoux et breloques qu'elles portaient, dans une mise en scène à forte connotation sadomaso. L'annonceur était une grande marque du luxe.

– Celle-là n'est pas passée… trop hard, commenta Caroline. La vogue du porno chic a fait mieux ensuite.

Boris s'assit sous le poster et sortit les photos de sa poche. Penchée de profil devant la machine à café, accentuant la pose pour faire ressortir son petit cul parfait, Caroline ajouta :

– Léa ne voulait pas de ces affiches. Marrant, non ?

Entre les boutonnières de sa chemise, il entrevit ses petits seins pâles qui bougeaient librement. Un reflet métallique révéla les anneaux qui ornaient les bouts roses.

– Elle n'a pas eu gain de cause.

– C'est Ariane qui a convaincu le big boss, Charles Bartley, expliqua Caroline. Le début de sa fulgurante ascension !

– Malgré les démêlés judiciaires ?

Elle acquiesça, pas pressée de se redresser, tournant vers Boris un regard brillant. Elle aperçut les photos qu'il tenait en éventail. La première, Léa « défilant » chez Clotilde, la fit violemment rougir.

– Asseyez-vous, Caroline, j'ai plusieurs choses à vous montrer et je ne voudrais pas que vous attrapiez un lumbago.

Elle se redressa en souplesse pour se poser sur le fauteuil voisin du sien, inclinant le buste pour que sa chemise bâille. Ses seins pointus bougeaient mais ignoraient la pesanteur.

Battant les photos comme des cartes, Boris lui montra les trois portraits de Toni Noam sous ses différentes apparences.

– Est-ce que cette personne vous dit quelque chose ?

– Ces trois personnes, vous voulez dire ? rectifia Caroline en riant, puis elle tressaillit. Celle-là, bien sûr…

Elle pointa le doigt sur la photo du milieu. Yola Soko, la version hyper féminine et sensuelle de Toni Noam… Boris sentit une bouffée d'excitation l'envahir. Son intuition ne l'avait pas trompé…

– C'est Swan, dit Caroline en le frôlant de son épaule.

– Swan ?

– Swan Eliott ! Elle est… elle vous plaît ?

Elle jeta un coup d'œil au poster encadré au-dessus d'eux.

– J'ai mieux à vous montrer, moi, dit-elle d'une voix sourde. Puisque vous ne voulez pas venir dans mon bureau, attendez-moi, je reviens…

Elle se leva d'une détente et fila, saluant au passage des employés qui s'en allaient. Boris n'avait pas fini son café quand elle revint, avec un grand classeur portant la mention « Archives 2005 », suivie d'une cote.

– Je suis très ordonnée, dit-elle, avec Léa, c'est indispensable… Regardez… Ce projet d'affiche…

Elle ouvrit le classeur et le lui tint devant les yeux. Boris n'eut pas besoin de se retourner vers le mur pour comparer. C'était le même annonceur, les mêmes accessoires, et presque la même mise en scène. La fille blonde au teint pâle qu'on devinait à quatre pattes, et qui rappelait par sa position certaine photo célèbre de Grace Jones en tigresse, était la même que sur le poster. Mais elle n'avait rien d'une tigresse. Collier, bijoux, anneaux, les accessoires étaient bien ceux de la marque, mais on les oubliait pour ne voir que les larmes sur sa figure en sueur, l'expression hagarde de son visage. Au-dessus d'elle, campée dans une attitude dominatrice caricaturale, sa partenaire était un autre modèle. Une Black très maquillée aux traits délicats, au corps mince et androgyne vêtu de cuir souple et luisant, au sourire ravageur mais au regard impérieux. Le réalisme de la photo était contrebalancé par son outrance, mais l'effet était néanmoins troublant, en dehors même du cliché racial inversé. La mise en scène suscitait le malaise.

Le regard inquiétant de Toni Noam, la bouche sensuelle de Yola Soko et le corps androgyne de Acha Ampong… Boris avait sous les yeux le concentré des trois portraits dont il disposait, et ce mixte s'appelait, pour les agences de pub, Swan Eliott…

–Il n'y a pas eu d'affiche, dit Caroline. Même Bartley n'a pas marché. Je ne crois pas qu'Ariane y ait cru, cela dit, c'était pour la provoc, une façon de s'affirmer… Et d'afficher ses préférences.

Elle referma le classeur, mais ne s'écarta pas. Boris eut sous les yeux le dessin hyperréaliste de son sexe moulé par le jean. Cette provoc-là ne suscitait aucun malaise, juste de regret de n'avoir pas le temps d'y répondre.

– Comment ça, ses préférences ? demanda-t-il en humant une suave odeur de blonde échauffée.

– Swan Eliott ! Ariane en était folle, à l'époque ! Quand Léa l'a blacklistée, elle lui aurait arraché les yeux.

Boris s'adossa dans le fauteuil, relevant les yeux jusqu'au sommet de la liane qui menaçait de s'enrouler autour de lui. Caroline eut un rire perlé.

– Elle l'a traitée de raciste, mais ça n'avait rien à voir. Léa n'aimait pas Swan, c'est tout. Question de feeling. Elle ne me plaisait pas non plus. Une vraie couleuvre…

– Ariane en était folle, elle ne l'est plus ?

– Paraît-il que Swan lui en faisait voir de toutes les couleurs. Elles ont rompu, renoué… Des histoires de filles. Et aussi d'argent, je crois. Mais Ariane ne me fait plus de confidences depuis longtemps.

– Depuis que Léa et elle se sont fâchées…

– C'est plus récent, avoua Caroline en baissant les yeux.

– Depuis que Léa et vous… ?

Au comble de la gêne, Caroline hocha la tête. Boris se leva, la frôlant. Elle recula à peine. Avança les lèvres en une moue d'invite, comme si Boris allait forcément la prendre dans ses bras.

– Swan avait d'autres amis ici ? reprit-il.

– Oh non ! On ne l'a vue que deux ou trois fois, en coup de vent. Elle n'est plus jamais revenue, après cette histoire.

Boris lui saisit le bras. Sa voix se durcit.

– Mais vous, vous avez revu Swan Eliott ailleurs ?

La blonde se mordit la lèvre.

– Une fois… Une seule fois ! Je vous jure. Qu'est-ce que vous me voulez, Boris ?

– Vous entendre dire tout ce que vous savez sur Swan Eliott et Ariane. Je ne suis pas là pour une histoire de filles ! C'est une enquête sur un meurtre !

Il sentit le frisson qui parcourait Caroline et la vit écarquiller les yeux. Il lui prit le classeur des mains et la fit se rasseoir. Décontenancée, elle renifla, les larmes aux yeux

– Racontez-moi tout ça !

Elle commença à expliquer qu'Ariane l'avait emmenée, à l'époque où ellc avait essayé d'imposer Swan à l'agence, dans une soirée privée où Swan mettait en relation des jeunes filles et des hommes « généreux ». Ariane et Caroline étaient les seules Blanches, les autres filles étaient des Africaines. Elle n'avait pas voulu renouveler l'expérience, s'était fâchée avec Ariane, n'avait plus revu Swan.

– Ariane se prostituait pour Toni Noam ? demanda sèchement Boris, et devant l'air d'incompréhension de la blonde, il précisa : c'est un autre nom de Swan Eliott.

Caroline l'ignorait, comme à l'évidence elle ignorait le meurtre de Passy, la veille. Boris la laissa dévider la suite, d'une voix hachée : Ariane, à l'époque stagiaire chez Bartley, avait des problèmes d'argent constants et sans doute les prestations proposées par Swan étaient-elles les bienvenues. Puis elle avait séduit Charles Bartley en personne, après l'avoir rencontré par hasard dans une de ces soirées.

– Bartley et Swan étaient liés ?

– Non. Je ne pense pas. Enfin… je n'en sais rien,

répondit Caroline.

Avec sa promotion, Ariane pouvait se passer de Swan et de ses à-côtés lucratifs. Elles avaient cessé de se voir. Cela correspondait, songea Boris, au long séjour de Toni Noam à Londres, l'année précédente, séjour consigné dans le rapport sur lequel ils avaient travaillé, Brichot et lui. Il voyait en pensée se mettre en place les pièces du puzzle.

–Et puis, continua Caroline, Ariane s'était rapprochée de Caroline. Elles avaient renoué.

–Parce qu'elle rêvait de porter tort à Léa Tulin ? Elle voulait se venger ? Elle lorgnait sa place de patronne de l'agence ?

Caroline acquiesça.

–Elle vous a demandé quoi ?

Cette fois, la blonde laissa échapper un sanglot. Boris se souvint du ton de ses messages, la veille, sur le répondeur de Léa.

–Elle voulait tout savoir sur Léa.

–Pas seulement sur ses relations avec vous, c'est ça ? insista-t-il.

Nouveau hochement de tête. La liane se recroquevillait dans le fauteuil.

–Sur sa vie privée, ses petits secrets ?

–Léa n'en avait pas ! se récria Caroline. À part moi…

–Jusqu'à l'automne dernier. Vous connaissez Paul ? Paul Journand.

–Non, affirma Caroline, après une hésitation.

–Même pas son prénom ?

Elle passa fébrilement ses paumes sur ses joues.

– Seulement son prénom, avoua-t-elle dans un souffle.

Boris s'assit avec un soupir sur l'accoudoir du fauteuil. Caroline se rencogna au fond du siège, les bras croisés sur sa poitrine.

– Vous avez deviné que Léa avait un amant, continua-t-il, malgré toutes les précautions qu'elle prenait ici pour qu'on n'apprenne pas ses préférences, comme vous dites.

– Ça se voyait sur son visage ! Cette photo…

Elle désignait le cliché de Léa paradant dans la boutique de Clotilde, la mine radieuse. Boris hocha la tête. Le type de relation dans laquelle Paul avait entraîné Léa convenait sans doute au désir de celle-ci de cloisonner sa vie, mais elle avait été bien naïve de croire que cette transformation échapperait à ses collègues de travail. Caroline en tête, qui était aussi son amante…

– Elle me traitait de plus en plus mal, dit cette dernière d'une petite voix.

– Vous l'avez espionnée, vous vous êtes vengée à votre tour, en renseignant Ariane.

– Elle… elle me forçait. Ariane est capable de choses horribles, balbutia Caroline en cachant son visage dans ses mains.

– C'est comme ça qu'elle a su que ce vendredi-là, Léa serait dans cette boutique avec Paul, reprit Boris en montrant la photo. Mais c'est Swan Eliott qui est allée chez Clotilde…

– Je ne savais pas, sanglota la blonde.

– Quoi ? Qu'Ariane, ou Swan, ou les deux étaient prêtes à tuer Léa ?

Caroline eut un haut-le-corps et se mit à pleurer à chaudes larmes.

Boris alla remplir un gobelet d'eau à la fontaine, près de la réception, et le lui tendit. Les bureaux de l'agence Bartley étaient déserts et silencieux.

– C'est ce qui aurait dû se produire hier, reprit-il. Sauf que Léa n'est pas morte, quelqu'un d'autre a été tué. Une erreur de tir…

– Paul ? Il est mort…

– Non, un ancien ami à lui, qui est venu à sa place au rendez-vous. J'imagine que Paul pensait lui faire un cadeau… J'espère savoir bientôt ce qu'il en est.

Caroline avait replié les genoux sous son menton et ne songeait plus du tout à l'allumer. Il attendit qu'elle soit un peu calmée pour rompre le silence.

Caroline eut un rire nerveux.

– C'est encore plus bête, dit-elle en s'éclaircissant la voix. Léa a commandé un taxi, de son portable. Elle se croyait seule. Elle a donné l'adresse de Passy où elle voulait aller, en insistant sur l'heure. Qui coïncidait avec celle de la grande réunion mensuelle avec Bartley. C'était facile de deviner qu'elle allait rejoindre son… ce Paul !

– Et vous vous êtes empressée d'aller prévenir Ariane.

– Ce n'était pas la peine ! Vous n'avez pas compris… J'étais avec Ariane, elle a entendu comme moi.

Comme Boris haussait les sourcils, elle ajouta avec un rire frôlant l'hystérie :

– Léa est venue téléphoner dans les toilettes ! Ariane

m'avait coincée dans les chiottes, pour que… je la soulage. Elles disent toutes qu'il n'y a pas meilleure que moi pour ça ! Brouter une chatte ! Je sais faire ça très bien, figurez-vous ! En trois minutes ou pendant toute une nuit…

Elle renversa sur sa chemise le fond d'eau de son gobelet. Boris le lui prit des mains, alla le remplir et patienta encore, avant de la faire boire à nouveau.

– Je ne savais pas ce qu'Ariane avait en tête, je vous jure, hoqueta-t-elle en tremblant. J'ai seulement prétendu ne rien savoir, devant les autres…

– Mais hier soir, vous vous êtes quand même inquiétée, vous vouliez vous assurer que Léa allait bien. Vous l'avez appelée plusieurs fois, mais elle ne répondait pas.

– C'est à cause d'Ariane. Quand tout le monde a constaté que Léa était absente, elle avait l'air si contente d'elle-même, un sourire si méchant… J'ai eu peur qu'elle ait fait quelque chose… J'ai essayé de l'appeler, elle aussi, hier soir. Elle n'a pas répondu non plus. Et ce matin, tout était comme d'habitude.

Ariane savait que Léa était sortie vivante de la Résidence Victoria, songea Boris, le tireur à la moto lui avait révélé sa méprise, sa fuite. Il avait volé l'appareil numérique de Versois et Ariane l'avait récupéré. Elle avait ainsi trouvé les photos prises dans la chambre. Elle avait alors tendu le piège du parking… avec Mesmin.

C'était le scénario le plus probable.

– Et Mesmin, quel est son rôle ? demanda Boris avec impatience.

– C'est une chiffe, mais il fait du chiffre ! C'est lui

qui trouve des clients… Ariane lui en fait baver et Bartley le méprise, mais il en a besoin.

Boris réfléchissait au dernier message de Léa.

– Vous avez une idée de l'endroit où peut se trouver Ariane en ce moment ? questionna-t-il encore.

– Pas chez elle, en tout cas, répondit Caroline. Elle a mis sur son répondeur son message spécial week-end.

– Qu'est-ce que c'est ?

– Qu'elle est injoignable jusqu'à lundi.

– C'est spécial en quoi ?

– C'est le message qu'elle choisit quand elle va passer le week-end chez Bartley…

– À Saint-Cloud ?

C'était l'adresse que Caroline lui avait fournie lors de sa première visite.

– Non, dans sa maison du Vexin, à une heure de Paris, murmura-t-elle.

Elle but une gorgée d'eau, manqua s'étouffer et cita le nom d'un village.

– Vous y êtes déjà allée ?

Elle hésita, essuyant son menton en regardant Boris par en-dessous.

– Ariane m'y a emmenée, admit-elle. Une fois… je vous jure…

– Et vous n'avez pas voulu cette fois-là non plus renouveler l'expérience, c'est ça ? s'écria-t-il.

Elle leva le bras comme s'il allait la frapper. Il se contenta de lui saisir le poignet pour la remettre debout.

– C'est moi qui vous emmène, maintenant ! dit-il, excédé.

– Là-bas ? Non ! Je ne veux pas…

– Ça suffit !

Il lui secoua le bras, pas très loin de la gifler, effectivement, mais il avait crié et elle se calma d'un coup.

– Je voudrais être sûr qu'il n'arrive rien de fatal à Léa Tulin aujourd'hui, dit-il en l'entraînant.

Elle le suivit, docile.

Il avait hâte de quitter la fosse aux lions…

CHAPITRE XI

Derrière la baie vitrée, l'eau de la piscine avait des reflets gris ardoise dans la lumière déclinante. Les néons de la grande salle au sous-sol de la villa étaient allumés depuis un moment déjà, mais Léa ne s'en était pas rendu compte. Le masque ajusté sur ses yeux était absolument opaque et elle aurait été incapable de dire depuis combien de temps elle était là, aveuglée, entravée à plat ventre sur une croix en X horizontale.

Mais les heures n'avaient plus d'importance. Dans l'obscurité, seules comptaient les sensations exacerbées, la succession du plaisir et de la douleur, leur mélange toujours recommencé, jusqu'à ce qu'ils deviennent impossibles à distinguer et explosent en elle comme une boule en fusion.

Elle se croyait endurante, mais à présent, elle ne savait plus.

Ses seins pendaient dans le vide, gonflés et lourds, insensibles. Une main frôlant son ventre remonta jusqu'à eux et les fit ballotter. La chaînette des pinces se tendit, les doigts tordirent lentement leurs pointes énormes, dures comme du bois. Un élancement la transperça, dissipant sa torpeur. Elle mordit la poire qui la bâillonnait et étouffait ses cris. Une double lanière fermée sur sa nuque par une agrafe l'empêchait de la recracher ou de l'avaler. Elle se mit à baver sur le caoutchouc et à trembler.

La main se posa sur ses épaules, glissa le long de ses bras étirés au-dessus de sa tête, jusqu'à ses poignets attachés. Elle reconnut le toucher de Bartley. Martin n'avait pas de ces délicatesses qui lui donnaient la chair de poule. La caresse redescendit sur son dos, suivant les balafres que la cravache maniée par Ariane avait imprimées. Au creux des reins et sur l'arrondi des fesses, la peau était cuisante. La voix de Bartley parvint à Léa comme au travers d'un brouillard.

– Si je ne l'avais pas arrêtée, elle allait vous mettre en pièces. Vraiment, elle vous hait !

Les frôlements reprirent, sur ses cuisses très écartées, ignorant son sexe pour s'attarder à l'arrière de ses genoux, sur ses chevilles entravées et la plante de ses pieds nus. Son engourdissement dissipé, Léa bougea, se tortilla dans ses liens. Elle perçut des bruits assourdis sur sa droite. Martin s'occupait d'Ariane, à nouveau…

Les deux hommes s'étaient amusés avec elle sous les yeux de Léa, l'excitant longtemps avant de lui ôter les menottes et le masque. Bartley lui avait tendu la cravache et Ariane s'était précipitée sur Léa comme un taureau furieux, la faisant choir du banc au deuxième coup. Le harnais, le membre factice enfilé dans son ventre, la mèche de cuir s'abattant sur ses reins, en travers de ses seins… Quand Martin avait arraché la cravache des mains d'Ariane, Léa, à demi consciente, avait tout le corps à vif.

Elle avait encore vu, avant d'être plongée dans l'obscurité, l'Américain ôter le bas de son survêtement, exhibant un sexe trapu, ceinturer Ariane par la taille, la courber sur un autre banc et la prendre en force.

– Elle en veut, comme d'habitude, avait-il commenté, en s'agrippant aux gros seins blancs d'Ariane.

– Laisse-la sur sa faim, avait intimé Bartley, en ajustant le masque sur les yeux de Léa. Qu'elle apprenne la patience !

Elle n'avait pas vu le corps sec et musclé de Bartley, ni son membre long et fin. Elle n'avait eu que sa bouche pour le reconnaître, quand il s'y était enfoncé. Bartley avait pris son temps, mais sans jouir. Il se réservait pour ses reins. Il avait une préférence exclusive pour cette voie, laissant l'autre à Martin…

Les sensations revenaient dans un tourbillon, aiguës, lancinantes. Les frottements à l'intérieur de ses cuisses, les pouces écarquillant ses fesses renseignèrent Léa. Bartley se postait à nouveau dans le compas de ses jambes. La ceinture qui attachait sa taille au centre de la croix se resserra d'un cran. Elle s'appliqua à respirer lentement, mais la conscience de sa croupe saillante, ouverte, balayait toute autre considération. Un bruit métallique accompagna une nouvelle inclinaison de la croix. Un peu redressée, Léa éprouva le poids de son corps, la pression accrue de la courroie sur son ventre. Et aussitôt après, l'évasement de l'orifice étroit de ses reins, encore poisseux de la pénétration précédente.

Bartley, debout entre les branches inférieures de la croix, la pénétra lentement, savourant l'angle nouveau. Le muscle dilaté résista à peine. Quand il fut enfoncé de toute sa longueur, il se pencha pour la voir mordre la poire. Il tirailla la chaînette, guettant ses larmes. Il n'était pas pressé. Aussi immobilisée qu'elle paraisse, Léa se mit à onduler imperceptiblement sous lui. Empêchée de voir et de crier, elle se cabrait par brèves saccades, appelant les coups de reins. Elle languit longtemps, en sanglotant nerveusement, avant qu'il daigne coulisser entre ses reins, de plus en plus vivement.

Cette fois, il se déversa en elle. Léa le ressentit comme un baume sur ses plaies.

*

* *

Bartley était assis derrière son bureau, dans la pièce du rez-de-chaussée. Il avait enfilé sur son peignoir une robe de chambre. Il releva la tête des feuillets placés devant lui, dévisageant Léa. Elle se tenait debout sur l'épais tapis, nue et chancelante, éblouie par la lumière du lustre. Les traits creusés, l'air égaré. Ses mains étaient libres, elle ne portait plus que les pinces au bout de ses seins. Son point faible, lui avait dit Paul le premier jour. Bartley avait retenu la leçon. Elle esquissa un geste vers sa poitrine mais se ravisa, faisant face aussi vaillamment que possible. Bartley sourit. Martin, rhabillé, se tenait en retrait à quelques pas derrière Léa. Seule Ariane était restée dans la salle du sous-sol, ligotée à un espalier. Ses cris résonnaient encore dans les oreilles de Léa.

Dehors, la nuit tombait.

– J'apprécie énormément vos qualités, Léa, dit Bartley en passant la main dans ses épais cheveux blancs. Vous êtes une collaboratrice précieuse. Aussi, je souhaite vous garder en pleine forme. Je vous ai fait préparer un bain et vous allez reprendre des forces. Nous avons encore beaucoup à faire, tous les deux. Une longue séance…

Son mince sourire s'accentua. Il ne quittait pas Léa des yeux. Il prit les feuillets.

– Avant cela, je veux que vous lisiez ce document et y apposiez votre signature, continua-t-il. Approchez.

Flageolant sur ses jambes, Léa s'avança. Elle saisit les deux feuilles agrafées et mit plusieurs secondes à accommoder sa vue.

Le texte en double exemplaire était une lettre de démission où elle reconnaissait avoir commis dans ses fonctions des « fautes graves », préjudiciables à Bartley Advertising.

Ses épaules s'affaissèrent, le sang se retira de son visage. Elle bredouilla :

– Vous n'avez pas le droit…

– Cette lettre n'est pas datée, Léa. Quand vous l'aurez signée, je la rangerai dans mon coffre, et nous l'oublierons l'un et l'autre. Du moins, vous ferez tout pour que je n'aie jamais l'occasion de m'en souvenir. Absolument tout…

Il se pencha en avant, vrillant son regard de rapace dans celui de Léa.

– Vous êtes un peu surmenée en ce moment, mais

vous me comprenez, n'est-ce pas ? Et vous êtes prête à donner le meilleur de vous-même pour assurer la bonne marche de nos affaires. Signez là et là, s'il vous plaît, ajouta-t-il en lui tendant un stylo plume.

Léa le prit mais resta immobile, se retenant d'une main au bord du bureau. Bartley fronça les sourcils.

– Je ne voudrais pas faire attendre Ariane trop longtemps, tout de même… Elle est déjà au point de rupture. Trop jeune, manque d'expérience… Elle a encore beaucoup à apprendre.

Léa fit l'effort de se redresser et malgré l'onde de douleur lancinante qui se propageait de sa poitrine à son ventre, elle parvint à articuler :

– Ariane est coupable de meurtre et vous serez poursuivi pour complicité. Elle ne vous a pas dit ce qui s'était passé hier ? La raison pour laquelle je n'ai pas assisté à la réunion ?

Les pupilles de Bartley se rétrécirent.

– Demandez-lui ! insista Léa. Les photos, l'homme qui m'a rejointe… Il a été tué. Ariane sait bien par qui… Et la police le saura. Le commandant Corentin n'est pas seulement un ami. Il enquête sur cet assassinat.

Bartley jeta un coup d'œil à Martin et lui donna l'ordre de redescendre au sous-sol.

– Va soulager notre amie, dit-il, puis : Je vous écoute, Léa.

Quand celle-ci eut terminé de parler, le visage de Bartley était gris, une lueur inquiète assombrissait son regard.

– La petite salope ! grinça-t-il.

Il se leva et pressa sur une sonnette. La porte s'ouvrit sur une femme âgée vêtue de noir.

–Occupez-vous de madame, lui lança Bartley. Qu'elle prenne un bain et se restaure.

Léa reposa sur les feuillets le stylo dont elle ne s'était pas servie, fit demi-tour et sortit du bureau pour suivre la femme. Inconsciemment, elle redressa le buste, s'étira. L'élancement brûlant provoqué par la soudaine tension de la chaînette la fouailla voluptueusement.

Resté seul, Charles Bartley réfléchit. Il prit son portable et appela un numéro.

–Bartley, dit-il quand on décrocha. Dites-moi, il paraît qu'un rendez-vous s'est mal terminé hier après-midi dans mon hôtel particulier de Passy, et on ne m'a pas averti…

Il écouta en serrant le poing, coupa la communication, appela un autre numéro et jura entre ses dents en entendant le signal de la messagerie.

–Paul ! explosa-t-il, Léa vient de me raconter une histoire incroyable ! Un type s'est fait buter hier en allant la baiser à ta place ! Explique-moi ! Je suis à la villa. Si cette petite conne d'Ariane a vraiment manigancé ça, c'est avec son Black. Il faut faire gaffe… Elle est ici, je l'ai sous la pogne ! Mais l'autre fou furieux est dangereux. Rappelle vite !

*

* *

– Moi qui me faisais un plaisir de vous revoir,

commandant, fit la voix pleine de regrets de Fabienne Versois. Et de vous aider…

– Désolée mais le temps presse, répondit Boris en mettant son clignotant pour se garer le long du canal Saint-Martin. Je vous rappellerai dès demain.

– Vous viendrez me rendre une petite visite…, minauda Fabienne d'un ton plein de promesses.

Il s'y engagea, coupa son portable, s'arrêta à cheval sur le trottoir et se tourna vers Caroline.

– Venez.

– Où est-ce que vous m'emmenez ? demanda la blonde en observant la rue sans comprendre.

Boris montra les façades du quai de Valmy.

– Je compte rencontrer quelqu'un ici dans moins d'une heure, et je veux vous garder sous la main en cas de besoin. Pour que vous, vous m'emmeniez chez Bartley, dans sa villa du Vexin.

– Je vous ai tout dit…

– J'espère. Et j'espère aussi que Léa viendra tout à l'heure au rendez-vous. Bien que j'en doute un peu.

– Pourquoi ? Vous croyez qu'il lui est arrivé quelque chose ?

Boris sortit de la voiture sans répondre et Caroline le suivit. L'enseigne de Clotilde, au premier coin de rue, était éteinte, au-dessus d'un rideau de fer baissé. Alors qu'ils allaient traverser la chaussée, Boris aperçut Brichot qui s'approchait. Il l'avait appelé en quittant la Défense, sans lui fournir les détails.

– Mademoiselle est l'assistante de Léa Tulin chez Bartley, expliqua-t-il en montrant Caroline. Comme elle avait beaucoup de choses à raconter, je n'ai pas eu le temps de passer chez Fabienne Versois, mais ce n'est plus très important. Je crois qu'on sait à peu près tout. Une histoire de filles, comme dirait mademoiselle… Sauf que l'une d'elles se prend pour un homme et sait se servir d'un automatique…

– À propos de cela, justement…, commença Brichot.

– Tu es garé où ? l'interrompit Boris. Mademoiselle pourrait attendre dans ta voiture.

Ils installèrent Caroline, qui ne pipait mot, dans la Laguna.

– Je ne pense pas qu'elle veuille nous fausser compagnie mais je préfère que tu l'aies à l'œil, Mémé.

– Compte sur moi. C'est Toni Noam, le tueur en moto, c'est quasiment sûr !

– Je le sais, Mémé. J'en suis moi absolument certain. Je t'expliquerai…

Déçu d'avoir raté son effet de surprise, Brichot jeta un regard dépité à sa flèche, puis le mit au courant :

– Flutiaux a envoyé son rapport. Rien de bouleversant, sauf que Versois avait un anévrisme qui risquait de lui être fatal un jour ou l'autre… Le tueur ne s'est pas approché à moins de trois ou quatre mètres. Une trajectoire vers le bas.

– Vers le sol ?…

– Léa Tulin était agenouillée par terre, non ? Elle aurait pris la balle en pleine tête, si Versois n'avait pas eu un sursaut…

– Un sursaut facilement explicable, vu les circonstances !

– La petite mort, et puis la vraie, en même temps !

– Plus radical qu'une rupture d'anévrisme... Et la balistique ?

– C'est la même arme qui a tué la jeune fille noire repêchée dans la Seine il y a un mois, la protégée de Toni Noam...

– Pour Caroline et les gens de l'agence Bartley, c'était Swan Eliott, mannequin et amante d'Ariane Sudre... Une banale histoire de jalousie entre femmes, je te dis, ajouta Boris en soupirant.

– J'ai trouvé, à propos de Charles Bartley, que Bartley Invest, la société financière américaine dont il est aussi le propriétaire, possède pas mal d'immobilier à Paris...

Brichot guettait la réaction de Boris, mais celui-ci observait un couple qui sonnait à la porte jouxtant la vitrine de Clotilde. La porte s'ouvrit, le couple entra. Il n'était que sept heures et quart...

– Pardon, Mémé, tu disais quoi ? Tu t'es mis en tête d'acheter un appartement ? Mauvaise idée, si tu veux mon avis !

– Tu as vu les prix ? Bon, sérieusement, Bartley est le proprio de la maison de Passy.

Boris siffla entre ses dents.

– Bravo ! Ça va nous donner de quoi faire pression.

– Parce qu'on en aura besoin ?

– Je ne suis pas sûr qu'il soit pour quelque chose dans le meurtre d'hier. Et si Journand vient ici tout à l'heure, ça signifiera que lui non plus n'y est pour rien. Ariane et Swan Eliott ont profité des circonstances pour agir dans leur dos, c'est tout. Mais ce n'est pas une raison pour se priver de munitions…

– Et Léa Tulin, elle va venir, à ton avis ?

– Je préférerais, mais je ne parierais pas là-dessus. Tu restes avec Caroline et tu ouvres l'œil, O.K. ? Je vais jouer les invités sélectionnés…

*
* *

Boris sonna et dut patienter un moment avant que la porte s'ouvre.

La femme qui le dévisagea avait la cinquantaine, des cheveux argentés, un visage en lame de couteau. En tunique et pantalon large, elle était aussi grande que lui, et maigre.

– Je n'ai pas le plaisir de vous connaître, monsieur…

– Boris. Je suis un ami de Léa. Elle doit me rejoindre.

– Léa… Elle a donc plusieurs amis ?

Sa voix grave et chaude était étonnante, son sourire distant.

– J'espère que Paul viendra également, fit Boris avec un sourire.

– Entrez, dit la femme, les nouveaux venus sont les bienvenus, quand ils sont les amis de personnes de qualité…

Elle referma et lui tendit une main sèche.

– Je suis Clotilde. Enchantée… Vous êtes en avance, mais pas le premier. Suivez-moi.

Ils traversèrent la boutique, dans une pénombre où

des mannequins montaient la garde, présentant une grande variété de sous-vêtements et d'accessoires. Le vaste espace, avec des sièges bas et des divans, évoquait plus un salon qu'un banal magasin. Clotilde le précéda dans un autre local, à l'arrière, qui était son atelier, bordant la cour intérieure de l'immeuble. Un escalier menait à l'étage, dans une pièce tout en longueur, sous une verrière. Boris reconnut les lieux, aperçut le podium, au fond. D'épais rideaux de velours étaient tirés devant les fenêtres donnant sur la cour, et d'autres délimitaient, du côté opposé, une succession de petites pièces intimes. Il entrevit un salon d'essayage, une sorte de boudoir, une chambre de repos uniquement occupée par un vaste lit entouré de miroirs. Les deux derniers rideaux étaient fermés. Sur les murs, des affiches sous verre montraient les créations de Clotilde, parfois photographiées seules, parfois portées par des modèles. Boris les regarda avec curiosité, mais Swan Eliott n'était pas du nombre.

Clotilde le regardait, intriguée, mais l'indiscrétion n'était pas de mise ici. Elle se contenta de lui proposer à boire, ne se formalisa pas de son refus, puis dit en montrant un des rideaux tirés :

– Sacha est en train de préparer Myriam. Voulez-vous assister à la touche finale ? Ou bien aider ?

Il comprit qu'elle cherchait à deviner ses goûts.

– Comme il leur plaira, répondit-il prudemment.

Clotilde eut un petit rire, et écarta le rideau.

Le couple leur tournait le dos, mais faisait face à un grand miroir. Myriam quand elle aperçut Boris lui adressa un sourire aguicheur. Elle se tenait debout, nue, les bras écartés, le ventre rentré. C'était une rousse aux cheveux relevés en chignon, au corps potelé et à la peau très blanche. Malgré ses hauts talons, elle n'était pas grande, mais la façon dont Sacha l'apprêtait élançait sa silhouette. Des bottines qui la chaussaient, un laçage de cuir noir serré remontait le long de ses jambes, dessinant une résille qui couvrait sa croupe et s'attachait autour de sa taille à une ceinture cloutée. La chair laiteuse des hanches débordait des croisillons. Myriam rentrait le ventre et retenait son souffle comme si elle ne devait plus jamais respirer.

Sacha achevait de lacer sur ses reins un corset fait de deux pièces de latex reliées par des anneaux de fer qui imprimaient profondément leur empreinte ronde sur la peau. Pour serrer au maximum, il enfonça son genou dans les reins de Myriam, s'arc-boutant à la faire suffoquer. Quand il en eut terminé, il la fit pivoter. Engoncée dans le maillage, étranglée par le corset, la rousse avait l'air d'une poupée emmaillotée de cuir et d'acier. Ses seins blancs rehaussés par les balconnets s'offraient comme sur un plateau. Sous le corset, sa toison fauve émergeait en un buisson luxuriant.

Elle se cambra et fixa Boris d'un regard vicieux. Collé contre son flanc, Sacha la força à se pencher et, dans la glace, on le vit palper les fesses généreuses, glisser ses doigts dans la fente, les enfoncer loin. La fille haletait comme un chiot, rougissait. Le jeune homme vint vers Boris.

—Vous lui plaisez, dit-il respectueusement. Il me

reste à lui enfiler les gants, mais si vous voulez l'essayer… Nous apprécierions…

Les reins cassés, Myriam gardait la position, ses grands yeux chavirés lorgnant Boris sous la ceinture. Un instant pris de court, il éluda :

– Avec les gants, votre femme sera encore plus attirante…

– Vous avez raison. C'est ma sœur, monsieur…

Le vibreur de son portable offrit à Boris une échappatoire. Il s'excusa d'un mot et s'éloigna pour répondre.

– Le type qui va sonner, dit Brichot, c'est Paul… Il correspond au signalement, en tout cas. Il est seul.

– Merci, Mémé.

Boris rempocha son portable et resta près de la porte, conscient des regards de plus en plus intrigués de Clotilde. Les halètements de Myriam s'entendaient de l'autre bout de la grande pièce. Une sonnerie retentit. En passant devant Boris pour descendre, Clotilde lui glissa :

– Je ne connais personne qui ait été déçu par Myriam. Ne la vexez pas…

Il espérait que les gants étaient très longs et compliqués à mettre.

Lorsque l'homme entra dans la pièce, Boris comprit ce que Léa avait voulu dire à son propos. Grand et athlétique, le visage buriné, le crâne rasé, avec un nez fort et un menton carré, Paul ne passait pas inaperçu. Ses yeux sombres se posèrent sur Boris et il vint droit sur lui.

– Vous êtes un ami de Léa, m'a dit Clotilde… Je suis Paul.

La créatrice de mode n'était pas remontée. Les deux

hommes se jaugèrent du regard. Les soupirs de Myriam redoublaient d'intensité, au fond de la pièce. Ils se serrèrent la main. Boris eut l'impression d'avoir glissé la sienne dans un étau.

– Je ne suis pas sûr que Léa puisse venir, dit-il.

– Et pourquoi ?

– J'ai peur qu'elle soit empêchée.

– Expliquez-vous, fit sèchement Paul, sur le qui-vive.

– Volontiers. Allons en bas, nous serons plus tranquilles…

Il montra sa carte et Paul eut un mouvement de surprise.

– Qu'est-ce que vous cherchez ici ? Clotilde…

– Ça n'a rien à voir avec Clotilde ni avec ce qui se passe ici, l'interrompit Boris en ouvrant la porte. Il s'agit de Léa Tulin et surtout de Laurent Versois…

– Versois ? Qu'est-ce qu'il a encore fait, celui-là ?

– À Léa, pas grand-chose, mais on lui a fait quelque chose, à lui.

Le léger sourire de Paul disparut quand Boris poursuivit :

– On l'a tué d'une balle dans la tête, monsieur Journand.

Paul resta interloqué, puis :

– C'est une blague ?

– Hélas, non. Si nous allions parler en bas ?

Au pied de l'escalier, ils croisèrent Clotilde en compagnie d'un couple. Ils montèrent. Clotilde s'abstint de poser des questions. Boris se dirigea vers le milieu de l'atelier, où une rampe de lumière éclairait une grande table, des machines à coudre, des mannequins et des patrons, des rouleaux de tissu. Il montra à Paul les trois portraits de Toni Noam.

– Avant toute chose, est-ce que vous connaissez cette personne ?

– Laquelle des trois ?

– C'est la même.

Paul se pencha et secoua la tête.

– Jamais vue, dit-il nettement. Qui est-ce ?

– Dans la pub, elle se fait appeler Swan Eliott. C'est peut-être elle qui a tué Laurent Versois hier soir à Passy.

Paul eut un haut le corps et porta une main à son front en reculant.

– C'est à Passy que… ? Mais alors, Léa ?…

– Elle a eu de la chance, c'était elle que le tueur visait. Versois a reçu la balle.

Boris guettait les réactions de Paul. Sa stupéfaction n'était pas feinte, ou alors c'était un grand comédien.

– Les choses n'en sont pas restées là, reprit Boris. Léa Tulin a disparu au début de l'après-midi. Elle m'a envoyé un mail rassurant, mais on a pu l'écrire à sa place, ou le lui dicter…

Paul Journand semblait dépassé. Une sonnerie de portable le fit grimacer et il mit plusieurs secondes à sortir son téléphone de la poche de sa veste en velours. Il répondit d'un ton rogue. Boris perçut un éclat de voix furieux dans l'appareil. Paul se retourna et répliqua du même ton, coupant aussitôt la communication. Il revint vers Boris.

– Excusez-moi, toujours des emmerdeurs…

Il se ravisa, reprit son portable et Boris devina qu'il écoutait des messages. Il vit tout à coup son expression changer. Quand il eut fini d'écouter, Paul hésita, puis lâcha :

– J'ai reçu un message d'un ami. Léa se trouve chez lui.

– Ça n'a pas l'air de vous rassurer.

– Pas vraiment, en effet.

– Votre ami s'appelle Charles Bartley ?

Paul fixa Boris. Son regard se fit plus assuré.

– Une autre femme est là-bas, dit-il, une collègue de Léa.

– Ariane ? C'est elle qui a manigancé avec Swan Eliott le meurtre d'hier. Nous allons nous rendre là-bas ensemble.

Paul Journand sembla presque soulagé. Il acquiesça.

– Je ne veux pas qu'il arrive un autre drame, dit-il. Allons-y. Je vais prévenir Charles…

– Je préfère que vous ne le fassiez pas, en tout cas pas tout de suite.

Paul Journand remit son portable dans sa poche et suivit Boris sans protester.

Chapitre XII

Ils roulaient sur l'autoroute de l'Ouest. Paul Journand répondait par monosyllabes aux questions de Boris. Il avait rencontré Charles Bartley peu après son installation aux États-Unis, s'était associé avec lui pour fonder une nouvelle agence. Il avait gagné beaucoup d'argent et l'opportunité de rentrer en France s'était présentée un an auparavant. Mieux valait régler le contentieux avec Versois, au sujet des dettes non remboursées. En même temps qu'il renflouait son ancien partenaire, Journand voyait s'ouvrir de nouvelles perspectives de décrocher des contrats juteux, grâce aux relations politiques de Versois. Léa Tulin faisait partie du deal. Un cadeau qui scellait leur réconciliation…

Boris s'assura d'un coup d'œil dans son rétroviseur que Brichot suivait toujours, dans la Laguna, et mit son clignotant pour quitter l'autoroute en direction de Vernon. Caroline faisait partie du voyage. Boris l'aurait laissée rentrer chez elle, mais en entendant qu'ils allaient chercher Léa chez Bartley, elle avait insisté pour les accompagner.

– Bartley savait, hier, que Léa s'était rendue à un rendez-vous amoureux ? demanda Boris en songeant à la naïveté de Léa, face à des manipulateurs.

– Il s'en est certainement douté, répondit Paul avec un petit rire. L'hôtel particulier lui appartient… Mais il imaginait que c'était moi qui irais à Passy. Je ne lui ai pas parlé de Versois. On ne partage pas tout. Seulement un certain goût pour la domination…

Paul avait vraiment rencontré Léa par hasard, et la suite relevait d'une sorte de pari entre les deux hommes. Léa Tulin était irréprochable, une carrière sans faute. Bartley la voulait à sa botte. Depuis que Journand lui avait révélé sa relation clandestine avec la jeune femme, et montré des photos de leurs rendez-vous, il rêvait qu'il la lui livre… pieds et poings liés. Tandis que Versois ne rêvait, lui, que de transgresser ses tabous personnels.

Ariane était le grain de sable qui avait déréglé ces petits jeux pervers, et y avait introduit, avec Swan Eliott, une menace mortelle.

– Je n'aurais pas dû parler à Bartley de mes relations avec Léa, conclut Journand. J'ai voulu lui prouver qu'il se trompait sur elle et n'était pas si malin dans son jugement sur les gens… J'ai été stupide.

Boris lui jeta un coup d'œil étonné. Journand tenait à Léa, manifestement.

– On ne trouve pas tous les jours une partenaire comme ça, ajouta-t-il. C'est cette route, à gauche. La villa est sur le coteau qui domine la vallée.

– Appelez Bartley et dites-lui que vous arrivez.

– Seul ?

Boris acquiesça. Journand prit son portable et remarqua :

– Bartley est un vieux renard. Il peut être violent dans l'intimité, mais c'est un prudent, et il a des relations. Je ne sais pas à quel titre vous espérez le coincer, mais vos arguments ont intérêt à être solides…

Versois aussi avait des relations. Boris détrompa Journand :

– Tout dépend de ce qui est arrivé à Léa. Mon objectif, c'est le meurtrier de Versois et sa complice. Ariane nous mènera à Swan Eliott…

– Dans ce cas, vous pouvez compter sur Bartley ! ricana Paul. Il ne la défendra pas. Il est trop malin pour se compromettre dans une histoire de meurtre.

– Vous aussi, j'imagine…

Journand se tut et fit le numéro. Boris le vit plisser le front.

– Il ne répond pas.

Il essaya encore, sans plus de succès. Il indiqua une bifurcation.

– C'est au bout de cette route, sur la droite. Un grand portail.

Une minute plus tard, les phares éclairèrent un haut mur d'enceinte percé d'un portail qui était ouvert.

– C'est bizarre, marmonna Paul.

Boris alerta Brichot par la radio de bord.

– Fais attention, Mémé, on ne sait pas dans quoi on met les pieds…

Les deux voitures franchirent à la suite le portail, s'engageant dans une allée bordée de massifs. Ils contournèrent un bouquet d'arbres. Les phares éclairèrent une remise en pierre qui servait de garage, puis la villa, énorme et prétentieuse au sommet d'un raidillon.

Un bruit de moteur emballé résonna soudain, en même temps qu'un phare surgissait face à eux.

– Attention ! cria Boris.

Le bruit sec d'une détonation retentit.

Boris braqua vers la gauche pour éviter la moto qui fonçait sur eux. Au dernier moment, le motard vira du côté opposé, quittant l'allée pour couper à travers la pelouse en direction du portail. La roue arrière dérapa sur le bas-côté, la machine s'inclina, se redressa dans un rugissement de cylindres, si brutalement que le pilote en perdit le contrôle. La moto folle zigzagua et percuta de plein fouet le pignon de la remise.

Un fracas terrible témoigna de la violence du choc. Une frêle silhouette projetée dans les airs retomba sur le côté de la remise.

Une autre dévalait la pente, massive et vêtue de blanc, en provenance de la maison. L'homme en survêtement blanc tenait une arme.

Boris avait pilé contre une haie, coupé le contact et bondi hors de la 307.

Il arriva le premier près de la moto disloquée. La forme inerte qui gisait à quelques pas ressemblait à un pantin désarticulé, dans une combinaison de cuir maculée de sang. La nuque brisée et le crâne enfoncé. Brichot accourut.

– Police ! Lâchez votre arme ! ordonna-t-il à l'homme en survêtement.

Celui-ci lui tendit son pistolet en haussant les épaules.

–Je l'ai raté, dit-il en anglais, en regardant le motard.

Puis il vit Journand et ajouta :

–Il a blessé le boss.

Journand s'approcha du corps, eut un mouvement de recul et demanda :

–C'est lui ?

–C'est elle ? questionna Brichot en se penchant à son tour.

Il ajouta en faisant la grimace :

–Bon sang, même avec un casque, elle aurait eu peu de chance…

Boris hocha la tête. D'un geste précautionneux, il retourna le corps. Il s'agissait bien de Toni Noam, alias Swan Eliott, alias… Même si on avait du mal à reconnaître son visage. Comme si jusque dans la mort, la beauté noire aux multiples pseudos avait réussi à narguer ceux qui voulaient l'identifier.

*
* *

Allongé nu sur un divan, dans son bureau, Charles Bartley râlait, le visage gris. Il avait reçu une balle dans le flanc. La femme âgée occupée à le panser se retourna à l'entrée des arrivants, reconnut Journand et indiqua :

–C'est sérieux, il faut l'emmener à l'hôpital… J'ai appelé le SAMU de Vernon.

Brichot ramassa avec son mouchoir un pistolet tombé

dans le hall d'entrée.

– Où sont les autres ? demanda Boris.

– En bas, répondit l'Américain en baissant la tête. La fille est morte. Ce salopard est entré par la piscine…

– Léa ? s'écrièrent deux voix.

Journand se précipita, mais Caroline le devança dans l'escalier, sans entendre la réponse bredouillée par l'Américain :

– L'autre… C'est Ariane que le *fucking bastard* est venu buter… M. Bartley ne m'avait rien dit… C'est de ma faute !

– Léa est en bas aussi ?

Ce fut la femme âgée qui répondit :

– Dans le petit cabinet, à côté, dit-elle en montrant une porte. Je n'ai pas eu le temps de la détacher…

– Descends avec monsieur, dit Boris à Brichot, je vous rejoins…

La pièce où il entra était petite, faiblement éclairée, tapissée de miroirs qui reflétaient à l'infini le lit aux barreaux duquel Léa était attachée, nue et masquée. Dans la même posture que la veille dans la chambre de l'hôtel particulier de Passy, mais avec des pinces au bout des seins et aux lèvres du sexe…

– Qu'est-ce qui se passe ? murmura-t-elle d'une voix tremblante quand Boris s'approcha.

Le corps luisant de sueur, elle tira sur ses liens en gémissant. Le haut de ses cuisses et sa toison brune étaient trempés. Boris libéra ses poignets, lui enleva le masque. Elle glissa dans ses bras, pantelante.

– C'est vous…

Il l'allongea sur le lit, retira les pinces de sa fente. Elle fit un saut de carpe.

– Doucement !

Quand il ôta celles de sa poitrine, le brusque afflux de sang la fit s'agripper à ses épaules en criant. Elle tourna de l'œil durant quelques secondes.

– Je me doute que votre témoignage ne me sera pas d'une grande utilité, dit Boris en la couvrant avec la courtepointe.

Elle battit des paupières en haletant, les bras serrés sur sa poitrine, comprimant ses cuisses.

Boris quitta la pièce et croisa Caroline sur le seuil du bureau.

– Léa n'est pas au sous-sol, dit-elle, alarmée.

– Cela valait sans doute mieux pour elle.

Il lui indiqua la porte du cabinet aux miroirs.

– Aidez-la à se remettre…

La sirène d'une ambulance retentit au-dehors. Boris descendit l'escalier.

Par la baie vitrée entrouverte, l'air frais de la nuit purifiait l'atmosphère, mais l'odeur de poudre était encore perceptible dans la salle de musculation.

Attachée à un espalier vertical par un réseau compliqué de cordelettes et de chaînes, Ariane ressemblait à une poupée grandeur nature victime de la vindicte d'une gamine vicieuse. Sur sa peau blanche comprimée par les liens et rougie par les nœuds, le sang qui coulait de son cou dessinait des arabesques.

– Une balle dans la gorge, dit Brichot. Swan Eliott est entrée par la baie, a insulté Ariane et a tiré. Une crise de jalousie… Ariane ne voulait plus d'elle après son ratage d'hier… C'est sa version, ajouta-t-il en montrant l'Américain, qui parlait à Journand.

– Il n'a rien fait ? s'étonna Boris

– Le temps qu'il se rhabille, le motard était remonté dans le hall où il s'est trouvé face à Bartley, répondit Brichot. Il a tiré et s'est enfui.

Martin confirma, répéta son récit, la mine piteuse.

– Comment Swan Eliott a-t-elle pu arriver jusqu'ici ? demanda Boris.

C'est Paul Journand qui répondit.

– Martin dit que Bartley était occupé avec Léa quand on a sonné au portail. C'est Martin qui a ouvert. Il n'avait pas d'ordre. Swan Eliott a insisté pour voir Ariane d'urgence.

– C'est de ma faute, se lamenta à nouveau Martin.

Lorsqu'ils remontèrent, les ambulanciers emportaient Bartley, blessé mais vivant, sur une civière. Il restait deux cadavres, pour solde de cette « histoire de filles ». Ajoutés à celui de Versois, c'était un lourd bilan, songea Boris.

Brichot le rejoignit dans le bureau.

– La gendarmerie de Vernon arrive, dit-il.

À travers la porte fermée du cabinet attenant, leur parvinrent des bruits faciles à identifier. Ils échangèrent un regard.

– On dirait que la vie continue.